성공의 정석

성공의 정석

YOU DON'T HAVE TO BE BORN BRILLIANT

존 맥그라 지음 | 권이영 옮김

다밋
DAMEET

이 책을 가족과 친구들, 그리고 회사 동료들에게 바친다.

항상 나에게 용기를 북돋아주는 소중한 이들이

내 주변에 있다는 것에 크나큰 감사를 드린다.

특히 스크러퍼, 매트와 조디, 레드 엘비스, 테자, 룩, 사이먼, 윌, 그렌트와

리사, 폴과 카렌, 루신다, 매디와 제임스, 헬렌의 가족, 마이클과 쉐인,

제임스 대크, 켈리와 데이빗 폭스 부부, 콜과 조오지 부부, 모카,

그렉 해리스, 레블과 이안에게 고마운 마음을 표시하고 싶다.

이들은 어려운 시절에 도움과 격려를 아끼지 않은 평생의 벗들이다.

앞으로도 우리 우정이 계속되기 바란다.

또한 사업에 관하여 슬기로운 조언과 충고를 해준

그레그 던칸과 웬디 멕카시에게도 고마운 마음을 전한다.

끝으로 나에게 한없는 용기와 기쁨을 선물해 주는

사랑스러운 대자代子 · 대녀代女

안나, 재스퍼, 메튜, 라라, 시엔, 비안카와 젬마에게 감사한다.

이들과 보내는 시간이 나에게는 더없는 즐거움이다.

한국 독자들에게

한국에 관해 아는 것은 많지 않지만, 풍요로운 전통을 간직하고 있으며 활발히 세계화가 진행되고 있는 나라라고 알고 있습니다.

그런 한국인들에게 이 책이 어떤 의미가 있을지 생각해 봅니다. 그리고 이 책을 통하여 저에게 도움이 되었던 원칙들을 한국의 독자들과 기쁘게 공유하고 싶습니다.

제가 제시한 성공을 위한 방법들이 세계 어디서나 적용될 수 있다는 점에서, 한국인들에게도 역시 도움이 될 것이라고 믿습니다.

이 책의 한국어판 발간에 관해 특히 감동적은 것은, 이 책의 번역자가 시인이면서 무주택 가정을 위해 사랑의 집을 짓는 해비타트 일에 동참하고 있는 분이라는 사실과, 출판사와 번역자가 책 판매 수입의 상당한 부분을 해비타트 사랑의 집짓기 사업을 위해 기부하기로 했다는 점입니다.

이 책이 한국에서 이처럼 아름다운 일에 동참하게 된 것을 기쁘게 생각합니다. 저에게 이 기쁨이 더 크게 느껴지는 것은, 제가 하고 있는 부동산 사업의 목적 역시 사람들에게 안락하고 효율적인 집을 제공하는 것이기 때문입니다. 어려운 가정들이 집을 가질 수 있도록 돕는 해비타트와 같은 사회운동을 저 또한 전폭적으로 지지합니다.

그리고 부디 이 책이 여러분에게 물질적인 성공뿐만이 아니라, 삶의 모든 측면에서 성공이 무엇인지 한 번 더 생각하게 하는 계기가 되기 바랍니다.

이 책에서 얘기한 저의 경험을 통해 여러분은 저에게 성공을 가져다 준 삶의 태도와 습관을 알게 될 것이며, 그것은 여러분들에게도 도움이 되리라 믿습니다. 이 책을 읽고 여러분이 보다 강화된 통찰력과 지혜와 용기를 가지고 당당하게 인생을 펼쳐나가기를 진심으로 기원합니다.

2006년 1월
존 맥그라

옮긴이의 말

이 책의 원본을 손에 들고 때와 장소를 가리지 않고 계속하여 읽기에 몰입했던 까닭은 무엇이었을까?

우선 내용이 애매모호하거나 과장되지 않고 저자의 실제 체험에 바탕을 둔 구체적이며 현실적인 이야기라서 설득력이 강했다. 또한 효과와 능률을 생명으로 하는 기업 경영자의 면모가 저술에서 발휘되어서인지, 문체가 간결해서 내 개인적인 취향에도 잘 맞았다. 그리고 편법, 불법, 속임수의 능력을 마치 성공의 지름길인 양 착각하기 쉬운 이 세상에서, 성실하고 정직한 노력을 통해 정정당당한 성공을 이루는 삶의 정공법을 택한 저자에게 호감이 갔다.

그렇다 해도 책을 선뜻 번역하겠다는 결정은 망설여졌다. 나의 비좁은 일상의 틀에서 뭔가를 희생시켜야만 이 일이 들어갈 틈이 생기겠는데, 솔직히 말해서 노력에 비해 번역의 대가는 너무나 박한 것이 우리나라의 실정임을 알기 때문이었다.

그럼에도 결국 번역을 맡게 된 것은, 우선 이 책이 주는 메시지를 여러 사람들과 공유하고 싶은 마음이 강하게 발동했기 때문이다. 책의 원제목 'You don't have to be born brilliant'가 말해 주듯이, 이 책의 주인공이자 저자인 존 맥그라는 중간 정도도 되기 힘든 재능과 여건 속에서 태어났다. 그러나 올바른 태도와 습관을 통해 인생의 당당한 승리자가 된 것이다.

특출하게 태어나거나 특출한 여건을 갖추지 못해도 성공할 수 있다는 이 희망의 메시지를 나는 많은 사람들에게 전하고 싶었다. 삶의 여정을 시작하는 나의 자녀를 포함한 주변의 젊은이들부터 시작하여, 뜻하지 않는 방향의 길로 접어들게 되어 새출발의 계기를 찾고 있는 이 땅의 수많은 중장년층에게 이르기까지, 모두 다 이 책을 읽었으면 하는 마음이 간절했다.

왜냐하면 이 책에는 거의 모든 사람들에게 해당되는 성공의 원리와 방법들이, 마치 기계의 사용설명서처럼 구체적이고 일목요연하게 기술되어 있기 때문이다.

이러한 생각과 함께 시험 삼아 몇 장을 번역하면서도, 속으로는 계속 망설이고 있는 나에게 결정적으로 용기를 준 것은 출판사 대표의 선언이었다. '선생님, 이 책 판매 수익금의 일부를 사랑의 집짓기에 성금으로 보태고 싶습니다'라고 말한 것이다. 그녀는 평소에도 내가 봉직하고 있는 한국 해비타트의 '사랑의 집짓기'에 관심을 가지고 매월 얼마씩 자동 입금을 해왔던 터였는데, 뭔가 획기적인 기여를 하고 싶었던 모양이다.

출판 여건이 그리 좋지 않은 때에 계속 그녀가 그렇게 주장하는 터라 나는 절충안으로 손익분기점까지는 그 절반만 내라고 했고, 결국 그렇게 결정되었다. 그녀의 성금이 집 없는 설움을 겪고 있는 가정들을 위한 집짓기에 과연 무엇이 되어 줄 것인가. 몇 백 장의 벽돌이 될 것인가, 아니면 안방이나 거실 정도가 될까. 아니 그보다 훨씬 더 늘어나서 아예 통째로 집 한 채가 될 수는 없을까 하는 꿈을 꾸어 본다.

이 책의 번역에 도움을 준 여러 사람들에게 감사한다. 원저자 McGrath의 발음이 '맥그래스'가 아니고 '맥그레이스'도 아닌 '맥그라'라는 사실을 비롯하여, 원저와 저자에 대한 나의 많은 질문과 요구에 일일이 친절하게 응답해준 출판책임자 Pam Brewster씨, 'Mars Bar'가 어느 식당의 이름이 아니라 호주에서 흔히 보는 초콜릿 상표라는 지적부터 시작하여 많은 관심과 협조를 베푼 해비타트 동료들, 그리고 번역 작업이 편하게 진행 될 수 있도록 영어 원문을 컴퓨터로 입력해 주고 번역에도 상당히 관심을 가져준 아들 영대가 이 책의 가장 열렬한 독자이기를 바라며, 도움에 감사한다.

2006년

옮긴이 권이영

차례

시작하기 전에

　먼저 이런 종류의 수많은 책 중에서 이 책을 고른데 대하여 감사한다. 서점에서 이 책을 집어 들었다는 사실 자체가, 자기 삶이 달라지기를 바라며 그 첫걸음을 내디딘 것이라고 할 수 있다.

　만약 자신이 직접 이 책을 산 것이 아니라 누군가로부터 선물을 받았다면 그 또한 좋은 일이다. 당신의 삶이 더 나아지도록 적극적으로 격려하고 이끌어주는 사람이 있다는 증거이다. 둘 중 어느 경우이든 당신에게 좋은 일이 시작된 것만은 확실하다.

　바라는 것을 성취하기 위해 당신이 바꿔야 하는 것들이 사실 그렇게 많지는 않다. 단순하게 생각하자. 목표를 정하고 그 목표에 달성하기 위한 계획을 세워 실천하는 거다. 그렇게 할 수 있도록, 나는 이 책을 통해 당신을 돕고자 한다.

　이 책이 나오기까지 오랜 시간이 걸렸다. 5년 전에 쓰기 시작했으나, 그때까지 터득한 삶의 교훈들이 많이 축적되었음에도 불구하고, 다름 아닌 이 책 본문에서 다루려는 바로 그 문제점들 때문에 마무리가 지연된 것이다.

그 문제들이란 바로 불안, 망설임, 그리고 불확실함이다. 불안과 불확실함을 삶 속에서 완전히 사라지게 할 수는 없다. 그러나 좀 더 잘 다루며 다른 시각으로 보는 방법을 배울 수는 있다. 내가 지금 이런 말을 할 수 있게 된 것은, 나 자신이 그러한 문제들을 극복하고 드디어 이 책을 완성했기 때문이다. 부디 이 책이 당신에게 기쁨을 선사하기 바란다.

이 책은 인생에 관한 책이다. 보다 정확히 말하면, 당신이 꿈꾸는 위대한 삶의 설계에 관한 책이다. 당신이 사회생활, 건강, 돈 문제, 또는 사업 등 모든 분야에서 삶의 질을 향상시키고 싶다는 바람을 가지고 있다면, 이 책이야말로 그 바람이 이루어지도록 촉매 역할을 하게 될 것이다.

이 멋진 세상에서 실제로 삶의 목표점에 도달하는 사람들이 극히 소수라는 것은 참으로 안타까운 일이다. 사실 성공이란 결코 손쉽게 얻어지는 것이 아니다. 그래서 2% 정도의 사람만이 인생의 중요한 목표에 도달하게 된다. 그리고 목표 달성뿐만이 아니라 목표에 이르는 과정을 통해 자기 자신을 발견하게 되며, 인간적으로 성숙하는 놀라운 과정을 체험한다.

그럼에도 불구하고 많은 사람들이 어딘가에 계속 머물러 있으며 오랫동안 기다리다 보면 결국 성공이 저절로 찾아올 것이라고 막연히 믿고 있다. 이들은 성공의 열쇠가 어디 숨겨져 있을까 궁금해 하며 빈둥거리기만 한다. 그런데 성공을 여는 열쇠는 다름아닌 자신의 벨트에 매달려 있다. 어떤 열쇠를 사용하면 되는지 알아내어, 그 열쇠를 사용하면 되는 것이다.

불행하게도 대부분의 사람들은 보수적으로 생각하도록, 다시 말하면 소극적으로 생각하도록 훈련받거나 길들여져 왔다. 실망할 것에 대비하여 너무 높은 곳은 겨냥하지 않도록 배워온 것이다. 나는 이것을 앉은뱅이 꽃이 되는 훈련이라고 부른다.

많은 사람들이 현재의 사고방식, 태도, 그리고 신념을 바람직한 방향으로 다시 재구성할 수 있다는 것을 믿지 못한다. 그러나 지금 당장 당신은 스스로를 재구성할 수 있다.

생각해 보면, 자기 자신이 삶에 대해 약간 부정적인 경향이 있고, 때로는 지나치게 비판적이며, 냉소적이거나 비협조적이라는 사실을 인정할 수밖에 없을 것이다. 그런 부정적인 사고가 성공과 행복을 가로막는 가장 큰 장애물 중의 하나라는 사실을 아무도 부인하지 않을 것이다.

그렇다면 무엇보다 먼저 자신을 긍정적인 인간으로 바꾸어야 하지 않겠는가? 자신이 원하는 것을 명확히 알고, 자신의 앞길을 이끌어갈 계획을 세우고, 하루하루의 삶을 열정적으로 산다면, 누구나 자신의 소망을 이룰 수 있을 것이라고 나는 믿는다.

이 책의 모든 기록들은 내 경험에 바탕을 두고 있다. 얼마 전까지만 해도 내 삶은 꿈을 꾸기는커녕 악몽과 같았다. 나는 빈털터리가 되어, 무기력하고 누구 못지않게 침체된 상태에 있었다. 그러던 중에 어떤 변화가 생기면서 삶의 방향을 되짚어보게 되었고, 결과적으로 약간의 궤도 수정만 한다면 몇 개월 동안 내 삶을 180도 바꿀 수 있다는 것을 알았다.

이 책에서 나는 그런 변화가 어떻게 일어났으며, 그 과정에서 내가 얻은 중요한 교훈은 무엇이고, 관찰한 것은 또 어떤 것이었는지 여러분에게 들려주려고 한다.

앉은뱅이 꽃과 같은 사고방식은 우리 시대가 가진 질병 중의 하나이다. 많은 사람들이 이 사고의 틀에 갇혀 꿈과 희망을 잃어버렸다. 부디 이 책이, 당신의 열정에 다시 불을 붙여 밤하늘에 빛나는 별처럼 자신을 불태울 수 있도록 변화시켜 주기 바란다.

또한 이 책에는 이미 성공의 길에 들어선 사람들을 위한 내용도 포함되어 있다. 성공의 어두운 면인 자기만족, 교만, 탐욕 등의 병폐에 관한 유익한 조언들이므로, 성공할수록 삶 안에서 벌어지게 되는 또 다른 문제들을 대처하는 데 도움이 될 것이다.

이 책에 담겨진 모든 메시지를 읽어나가는 일이 의미 있는 탐험의 길이 되기 바란다. 그리고 한 장, 한 장이 새로운 삶을 찾는 계기가 되었으면 좋겠다.

이 책은 첫 페이지부터 시작하여 끝 페이지까지 차례대로 읽어도 좋고, 어떤 도움이나 영감을 받고 싶을 때마다 잠깐씩 이곳저곳을 들춰봐도 좋도록 구성되어 있다.

성공을 이루면, 즉 그곳에 다다르면, 만사가 다 잘 되리라고 기대하며 이 책을 읽는 사람들에게 미리 말해 둘 것은, 그곳이란 존재하지 않는다는 것이다.

내가 처음 배운 성공의 비결 중의 하나는, 성공의 보람은 종착역에 있지 않고 그 과정에 있다는 것이다. 매일 매순간을 소중히 여겨 최대한 활용하고, 즐기고, 그러면서 성장해야 한다.

본문을 읽기 전에 두 가지 당부를 하려고 한다. 첫 번째는 열린 마음과 호기심을 가지고 이 책을 대하기 바란다. 심판하는 입장에서 이 책을 읽는다면 풍부한 새 아이디어를 얻어내지 못할 것이다. 두 번째로 당부할 것은, 읽고 배운 것을 즉시 실천하라는 것이다. 만약 읽다가 당신과 코드와 맞아떨어지는 것이 있다면, 즉시 읽던 책을 내려놓고 실행에 옮기기 바란다. 책에 당신의 목표들을 적어보라는 말이 나오면, 즉시 책을 덮고 당신의 목표들을 종이에 적어보기 바란다. 행동은 탄력이 생기게 될 것이고, 이 탄력이 중대한 변화를 일으킬 것이다.

자, 이제 안전벨트를 매고 당신의 새로운 삶 속으로 여행을 떠나자! 여러분이 가는 길에 무궁한 발전이 있기 바란다.

PART 01

기초 쌓기

Laying the Foundations

성공에는 원인이 있다

__ 그보다 더 비참한 상황은 상상할 수조차 없었다. 그런데 사실은 바로 그때가 내 삶 속에서 참으로 중요한 첫 교훈을 얻게 된 시기였다. 그로부터 6개월 만에 삶이 인과관계의 연속임을 알게 된 것이다.

같은 장소, 같은 시간, 같은 기회가 주어진 두 사람이 믿기 어려울 정도로 판이한 성과를 내는 이유는 무엇일까?

내가 사업을 운영하면서 계속 발견하게 되는 공통적인 현상은, 대부분의 영업팀들이 같은 상품을, 같은 기간에, 같은 시장에서 판매하는데 한 두 명은 판매 실적이 다른 사람들을 현저하게 앞지른다는 사실이다.

또 사람들이 체중을 줄이고 병마와 싸우느라 애쓰고 있는데 반하여, 어떤 사람들은 쉽게 자기 몸 관리를 잘하고 있는데 그 원인은 무엇일까?

이 해답을 찾는 좋은 방법은, 당신을 감동시킬 만큼 성과를 거두는 사람들을 유심히 관찰하는 것이다. 그들이 다른 사람들과 달리 무엇을 하는지 알아보라. 이것이 바로 나의 출발점이기도 했다.

자, 지금부터 속수무책으로 엉망이었던 1982년도의 내 삶을 되돌아보기로 하자.

원래 내 꿈은 프로 럭비선수가 되는 것이었다. 그럴 능력이 내게 있었다. 럭비 말고는 별로 잘하는 일이 없기도 했지만, 좌우지간 나는 훌륭한 선수였다.

프로 럭비선수가 되기로 작정했으니 학교 공부를 열심히 할 이유가 없었다. 당연히 체육관이나 운동장에서 거의 대부분의 시간을 보냈으며, 교실이나 도서관에는 발길이 뜸할 수밖에 없었다.

그 결과 시드니 고등학교에서의 마지막 2년 동안 내 학업 성적은 형편없었다. 내가 스스로 초래한 결과였다. 마지막 학기의 내 성적은 상상하기 힘들 정도로 밑바닥이었다. 이렇게 형편없는 학업성적으로 1982년에 실제 사회로 뛰어들 때까지, 내 희망은 오로지 프로 럭비선수로 성공하는 것이었다.

그런데 졸업한 지 90일도 채 안 된 시즌 초반 금요일 밤에 벌어진 대표 팀 경기에서 그만 폐가 찌그러지는 부상을 입고 큰 수술을 받게 되었다. 그리고 이로 인해 더 이상 운동을 할 수 없게 되고 말았다.

학업성적은 나쁜데 운동조차 못하게 되면서, 결국 길고 긴 열등생의 삶을 살아갈 일만 내 앞에 남았다. 그보다 더 비참한 상황은 상상할 수조차 없었다.

그런데 사실은 바로 그때가 내 삶 속에서 참으로 중요한 첫 교훈을 얻게 된 시기였다. 그로부터 6개월 만에 삶이 인과관계의 연속임을 알게 된 것이다.

문제는 삶에서 우여곡절을 맞을 때마다 어떻게 대응하느냐에 달려 있다. 다행히 나는 겉으로는 지진과 같은 대참사로 보이는 일들이 사실은 가면을 쓰고 다가온 엄청난 기회라는 것을 재빨리 알아챘다.

물론 나도 한 때는 형편없는 학업성적과 다친 몸을 실패로만 받아 들였던 때가 있었다. 그러나 그것들이 실제로는 내 최초의 성공을 위한 기초가 되어주었다.

앞서 말한 수술을 받고 처음 몇 달 동안은 실의에 빠져있었다. 그 후유증에 관해 가족이나 친구에게도 말을 하지 못했다. 돈은 없고 취직에 대한 전망도 어두웠다. 나보다 월등히 멋진 이력서를 지참한 경쟁자들과 취업전선에서 경쟁을 해야 했기 때문이다.

이렇게 내 인생이 최악의 상황에 놓여있을 때였다. 우연히 내 친구가 다른 사람에게 나폴레옹 힐*이 소망을 성취하는 방법에 관하여 쓴 《Think and Grow Rich》라는 책을 감명 깊게 읽었다고 얘기하는 것을 엿듣게 되었다.

그 책을 읽어봐야겠다는 생각이 들었지만, 그때까지 학교에서 요

---

*나폴레옹 힐 Napoleon Hill : 미국의 성공 철학자이며 저술가. 1908년 세계 최고의 부호 앤드류 카네기로부터 사고의 활용과 성공비법을 전수받아 250여 명을 인터뷰했으며, 20여 년에 걸쳐 그것을 체계화하여 성공철학을 확립하고 성공의 노하우를 여러 사람에게 가르쳤다.

구하는 필독서조차 읽기를 거부하여 온 내가 뭔가를 다시 읽는다는 게 선뜻 내키지 않았다. 사실 그 책을 사러 나가는 것조차 망설여졌다. 더구나 내 주머니는 책을 한 권 살만한 여유도 없었으니!

그런데 나의 내면에서 무엇인가가 어서 행동을 취하라고, 그 책을 사라고 명령하는 것이 있었다. 그래서 책을 샀다. 그리고 바로 그 행동이 삶을 역전시킨 계기가 되었다. 책 속에 쓰여 있는 나폴레옹 힐의 충고 덕분에, 태어나서 처음으로 과거에 내가 했던 행동과 결정들을 반성해 볼 기회를 가지게 된 것이다.

그로 인해 내 인생은 내가 책임져야겠다는 다짐을 하게 되었다. 과거의 생각, 신념, 결정, 행동, 습관들이 당시의 그 가련했던 내 처지와 관련이 있음을 깨닫기 시작했다.

그렇게 스스로 책임을 인정하고 받아들이자, 그 곤경을 스스로 초래했다면 그 곤경을 해결하는 일도 역시 내가 할 수 있지 않겠느냐는 깨달음이 왔다. 그리고 앞으로는 스스로 뭔가 완전히 새로운 것을 창출할 수도 있을 것이라는 생각이 들었다.

그러한 변화가 믿기 어려울 정도로 아주 짧은 기간 안에 이루어질 수 있다는 사실이 그로부터 몇 년 동안에 걸쳐 입증되었다. 삶에 대해 새로운 생각의 틀을 갖고 새로운 태도로 무장한 나는, 내가 성취하고 싶은 것이 정확히 무엇인지 검토하기 시작했다.

맨 처음에는 이 작업이 조금 힘들었다. 왜냐하면 그때까지 꽤 긴 시간 동안 삶의 목표를 평범하거나 또는 열등한 수준으로 설정하고 살아왔기 때문이다.

내가 그랬던 것처럼 수많은 청소년들이 실의와 실망 속에서 자기 팔자려니 하며 그 상황을 받아들이고는, 어떠한 노력도 기울이지 않은 채 살아가고 있음을 나는 안다.

내 경우에는 또 하나의 걸림돌이 되는 감정이 있었는데, 그것은 바로 좌절감이었다. 나는 내 삶에 대하여 극심한 좌절감을 느꼈다. 그런데 바로 그 좌절감이 내가 행동을 취할 수 있도록 내몰았다. 나는 불만과 좌절을 역으로 이용하여 그 힘으로 인생을 역전시켰다.

그리고 남이 아닌 바로 나 자신이, 내가 놓여있는 처지에 대한 책임자라는 것을 인정했다. 이러한 인식은 미래를 향한 큰 발걸음이 되었다. 그때까지 나는 모든 잘못을 남의 탓으로 돌리는 오류를 범해왔던 것이다.

예를 들면, 학교에서 본 마지막 시험 때 500점 만점에 95점 밖에 받지 못한 것을 결코 내 책임으로 받아들이지 않았다. 그 대신 교사들과 부모 탓으로 돌리고, 나를 잘못 양육했다고 원망했다. 그런데 드디어 그런 불량한 성적을 책임져야 할 유일한 사람이 바로 나 자신이라는 것을 명확히 알게 된 것이다. 그 결과 앞으로 나를 변화시킬 수 있는 유일한 사람도 바로 나 자신이라는 것을 깨닫게 되었다.

이런 깨달음을 통해 나는 행동을 바로잡아 나갔고, 그 과정을 통해 내가 나아져가고 있다는 것을 스스로 느꼈다. 변화 하나하나를 느낄 때마다 기쁨을 느꼈고 이러한 기쁨은 자신감을 갖게 했으며 새로운 열정을 불러일으켰다.

자신감이 솟구쳤고 부모님들도 그런 내 모습을 보고 계시다는 것을 느끼게 되자, 그런 사실이 내게 큰 힘이 되었다. 그로부터 2년 후에 아버지께서 돌아가셨는데, 내가 성공하는 모습을 더 이상 보여드리지 못하게 된 것이 안타까울 따름이다.

나폴레옹 힐의 《Think and Grow Rich》를 시작으로 나는 성공과 성취에 관한 수백 권의 책을 읽게 되었다. 모든 책은 하나같이 성공에는 반드시 원인이 있다는 나의 신념을 뒷받침해 주었다.

또한 내가 이 책들을 통하여 발견한 것은, 극히 몇 안 되는 사람만이 성공한다는 사실이다. 실제로 꿈을 성취한 2% 클럽에 속하는 대부분의 사람들은, 부유한 가정에서 태어난 사람들이 아니다.

그렇다고 모두 다 훌륭한 교육을 받은 것도 아니다. 물론 태어날 때부터 성공적인 사업가나 판매원이었던 사람은 단 한 명도 없다. 대부분의 경우, 성공을 스스로 이룩한 것이다.

많은 사람들이 이 사실을 깨닫지 못하고 있다. 성공한 2%의 사람들은 주어진 환경이나 단순한 행운 덕분에, 혹은 성공을 보장하는 특출한 재능이나 지능을 타고 났기 때문에 성공했을 것이라고 핑계를 댄다. 이것은 잘못된 생각이다.

알다시피 높은 지능지수나 학위가 성공을 보장해 주지는 않는다. 이 말은 교육이 필요 없다거나, 훌륭한 출발점이 될 수 없다는 뜻이 아니다. 많은 사람들에게 교육은 성공을 위한 기초가 된다. 지능지수가 높다든가 학식이 있다는 것도 당연히 좋은 일이다. 삶의 출발점부터 남다르다고 볼 수 있다.

그러나 공부 하기가 싫다거나 시험에 떨어졌다고 해도 길이 없는 것은 아니다. 요즘 세상에는 학력보다는 직관력, 정력, 정직, 상식, 원만한 성격을 우선적으로 요구하는 사업 분야가 얼마든지 많기 때문이다. 그러니 당신은 지금까지 살아온 삶이 좀 별다르다고 해서 불안해 할 필요는 없다.

최근 들어 최고의 재능을 갖추었다고 인정받는 사람 중의 하나인 호주 영화배우 러셀 크로우(영화 글래디에이터 주인공)의 경우를 보자. 그는 시드니 고등학교 시절 나와 가까운 친구였다.

러셀은 나 못지않게 교실에서 자주 쫓겨나던 몇 안 되는 학생 중의 하나였다. 우리 둘은 선생님들로부터 성공 가능성이 가장 희박한 애들이라고 지목을 받았다. 나와 함께 꼴찌를 다투던 그는 결국 딱하게도 고등학교 졸업증서조차 제대로 받지 못했다.

그러나 러셀에게는 정열이 있었다. 물론 그것은 연기에 대한 정열이었다. 학교시절부터 그는 자기 아버지가 음식을 준비하는 일을 하던 영화 촬영장에서 종종 엑스트라로 출연했다.

그리고 그는 이 기회를 최대한 활용했다. 열심히 보고, 듣고, 배웠다. 배우들에게 말을 걸어 어떻게 연기력을 익혔는지 물어보기도 했다. 그러면서 조금씩 배우생활의 비결을 터득했다.

러셀이 배우가 되겠다고 자기 결심을 말했을 때, 그의 부모는 선뜻 승락하지 않았다고 한다. 배우라는 직업은 수많은 사람들이 치열하게 경쟁을 벌이는 고된 직업이기 때문이다.

그런데도 러셀은 이 도전을 감행했고 과감하게 그 일에 투신했다. 그때부터 시드니 출신의 한 어린 소년이 영화 한 편당 2천 5백만 달러를 받는 스타가 되는 역사가 시작되었다.

 MEMO

성공하는 사람들이 삶을 살아가는 방법은 한결같이 누구나 배우고 실천할 수 있는 것들이다.

성공을 위한 시스템을 배우고 당신에게 적합한 전략을 개발하라. 당신이 좋아하는 일에 헌신적으로 최선을 다하면, 성공은 보장된다.

로또식 삶을 버리자

— 로또에 당첨되는 꿈을 이루는 확률은 5000만 분의 1밖에 되지 않는다. 그러나 만약 당신이 그런 뜬구름 잡기를 하지 않고 이 책에 있는 성공의 원칙들을 준수한다면, 당신의 성공 확률은 97% 보장된다.

소수의 사람들만이 성공하는 이유는 무엇일까? 성공은 단지 행운인가? 시간과 장소가 맞아떨어져야 성공하는 것일까? 어떤 사람은 성공 유전자를 타고 났는가?

그러나 성공은 그런 것들과는 상관이 없다. 본질적으로 성공은 마음먹기에 달렸다. 성공은 수학공식처럼, 학습하고 응용할 수 있는 하나의 시스템이다. 그럼에도 불구하고 어떤 사람들은 삶에 대하여 로또식 방법을 사용한다.

많은 사람들이 매주 월요일 로또 판매장으로 달려가 거액의 당첨을 꿈꾸며 숫자를 적어 넣듯이, 그들도 매주 행운이 굴러오기를 애타게 바라며 인생의 로또 복권에 숫자를 적어 넣고는 앉아서 기다리고만 있다.

그러나 로또에 당첨되는 꿈을 이루는 확률은 5000만 분의 1밖에 되지 않는다. 그러나 만약 당신이 그런 뜬구름 잡기를 하지 않고 이 책에 있는 성공의 원칙들을 준수한다면, 당신의 성공 확률은 97% 보장된다.

삶의 건축가가 되라

성공은 일정한 태도 뒤에 따라오는 삶의 논리적 귀결이다. 그리고 성공을 위한 시스템이 있는데, 그 시스템은 누구나 배울 수 있다. 이 시스템을 갖추기 위해 학문적으로 우수해야 할 필요는 없으며, 어떤 교육과정을 밟아야 하는 것도 아니고, 돈이 드는 것도 아니다. 단지 올바른 태도를 갖추는 것만이 필요하다.

나는 지금까지 살아오는 동안 크게 성공한 사람들을 여러 명 만났는데, 그들은 한결같이 삶에 대하여 놀라울 정도로 긍정적인 태도를 가지고 있었다.

우리는 앞 장에서 성공은 원인이 있다는 것을 배웠는데, 성공적인 사람들은 다른 사람들보다 열정적이며 낙관적이었다. 그들은 자신이 가는 방향을 정확히 알고 있으며 모든 장애를 극복할 수 있다고 믿고 있다. 그러므로 장애물 때문에 갈 길을 멈추지 않는다. 그들은 사물을 끝까지 내다보는 인내력과 정열을 가지고 있는 것이다.

당신도 자신을 그렇게 변화시킬 수 있을까? 물론 그럴 수 있다. 태도를 바꾸려면 성격을 바꿔야 한다고 생각할지 모른다. 그러나 그렇지 않다. 어쩌면 성격을 바꾸는 것은 불가능에 가까울지 모른다.

그러나 수줍은 성격이라 하더라도, 긍정적인 태도를 가질 수 있으니 안심하기 바란다. 또 재미있고, 진지하고, 명랑하거나, 심각한 성격이면서 동시에 훌륭한 정신적 자세를 가질 수도 있을 것이다.

당신의 개인적 스타일이 어떠한가는 문제가 되지 않는다. 당신은 바람직한 태도를 마치 출력 강화장치처럼 스스로 장착할 수 있다.

많은 사람들이 인생의 장애물들은 대부분 통제가 불능한 것으로 믿고 있다. 즉 잘못된 집안에서 태어났다거나, 잘못된 교육을 받았다거나, 좋은 기회가 주어지지 않았다는 식의 이유를 댄다.

이것을 일명 억제하는 신념이라고 하는데, 성공을 방해하거나 가로막는 사고방식을 뜻한다. 이러한 사고방식을 되돌려놓으면, 즉 이것을 통제할 수 있는 능력을 자신이 갖고 있다는 것을 믿을 수 있다면, 당신의 삶이 변화되고 있다는 것을 바로 알게 될 것이다.

그렇다면 당신에게 어떤 억제하는 신념이 있는지 어떻게 알 수 있을까? 그것은 아주 쉽다. 당신이 바라는 만큼 성과를 낼 수 없는 한 분야에 대하여, 다음 문장을 완성해 보라.

'내가 이 분야의 일에 성과를 올리지 못하는 이유는 .... 이다.' 그랬을 때 당신의 입에서 흘러나오는 것이 바로 억제하는 신념이다. 이건 분명한 사실이다.

한 번 실험해보자. 당신이 지금 재정적으로 어려움을 겪고 있다고 가정하자. 그래서 '내가 부자가 아니고 재정적으로 불안정한 이유는 ....' 이라고 말문을 열었다면, '사장이 2년 동안이나 봉급을 올려주지 않았기 때문이야' 라거나, '우리 집은 부자였던 적이 없는데, 그건 돈 버는 데 소질이 없기 때문이야' 라는 말 등으로 이어질 것이라고 추측할 수 있다.

여기서 사실을 확인해 볼 필요가 있다. 만약 당신이 재정적으로 안전하지 않다면, 그것은 예산 없이 돈을 써왔기 때문일 수 있다. 버는 돈 보다 쓰는 돈이 더 많고 따라서 적자가 누적되는 생활을 계속 해온 것이다. 그런 경우라면, 다음과 같이 **힘이 되는 신념**으로 바꿔보기 바란다.

'나는 올바른 접근 방법을 통하여 재정적인 성공을 이룰 수 있을 것이다. 알맞은 규모로 예산을 수립하여 이행하면 재정적 여유가 생길 것이고, 이것을 자산 증식에 잘 투자하여 복리의 이익을 올린다면 나는 그렇게 될 것이다.'

이러한 방법으로 시각을 바꾸면, 당신은 자신의 삶을 설계하고 구축하는 건축가로서의 능력을 갖추게 된다. 이렇게 긍정적인 신념의 틀을 갖추게 되면, 삶의 모든 측면을 근본적으로 변화시킬 수 있게 된다.

타성을 극복하라

행동을 취하는 것이 문제 해결의 열쇠다. 자신의 태도와 습관을 고치는 것은 마치 콴타스 호주 항공 747 여객기가 이륙하는 것과 같다. 비행기가 활주로를 따라 움직이게 하는 것은 힘든 일이다. 왜냐하면 굉장한 관성을 극복해야 하기 때문이다. 그런 끝에 공중에 떠오르게 하는 데에는 많은 힘을 필요로 한다. 그러나 결국 구름을 헤치고 고공으로 솟아오르고 나면 비행기는 아주 적은 힘만으로도 빠르게 비행할 수 있게 된다.

이 책에 기술되어 있는 변화의 과정도 마찬가지다. 처음에는 어렵고 고통스러울 수가 있다. 왜냐하면 앉은뱅이 꽃 사이에 끼어앉아 있는 당신을 그 자리에 묶어놓으려고 하는 강한 힘에서 벗어나야 하기 때문이다.

그러나 일단 속도와 고도를 확보하게 되면, 일은 훨씬 수월하게 된다. 스스로의 탄력에 이끌려 거의 무의식적으로 필요한 일들을 해낼 수 있게 될 것이다.

사물의 밝은 면을 보자

하고자 하는 일이 잘못되면 다른 사람들과 마찬가지로 나도 무조건 실망할 때가 있다. '도대체 믿을 수가 없네. 어떻게 이럴 수가 있나?'라고 속으로 중얼거린다. 그러나 그 순간 내 마음 속에서 자동 정지 장치가 작동되어 그 실망감을 밀어내어 버린다.

나는 이것을 오랫동안 실천해 왔기 때문에 이제는 자동적으로 그렇게 된다. 그리고 나는 벌어진 일을 새로운 시각으로 바라본다.

즉 '이런 일이 생긴 원인은 무엇일까?', '어떻게 하면 재발을 방지할 수 있을까?', '경험으로부터 무엇을 배울 수 있을까?', '어떻게 하면 이것을 유익한 방향으로 돌려놓을 수 있을까?' 를 생각한다.

그러고 나서 '다음 일로!' 라고 속으로 외친다. 그리고 자신에게 '좋아, 이건 잘 되지 않았군. 그렇지만 나는 다음 일로 옮겨갈 준비가 되어 있어' 라고 말한다.

삶을 통해 나는 많은 교훈을 얻었다. 그 중 내가 아직도 활용하는 중요한 교훈 하나는, 성공하기 위해서는 열 두어 개 정도의 공을 동시에 띄우고 있어야 한다는 것이다. 그 이유는, 그 중 대 여섯 개는 불가피하게 땅에 떨어지기 때문이다.

누구나 그 정도의 실패 가능성은 염두에 두고 있어야 한다. 새로운 단계를 향해 자신을 확장시키며 현재를 벗어나 도약하려는 과정에서, 모든 것이 늘 계획대로 되지 않는 것은 자연스러운 일이다.

성공하여 훌륭한 삶을 살기 위해서는, 단지 대 여섯 개의 공만 공중에 띄워놓아도 족하다. 당신에게 필요한 것은, 몇 가지 핵심적인 일들이 어느 기간 동안 제대로 잘 되게 하는 것이다.

그런데 어떤 사람들은 자기가 가진 달걀을 모두 한 바구니 속에 집어넣는다. 그렇게 하나의 대형 사업을 벌였다가 바라는 대로 일이 되지 않으면 구멍 속으로 후퇴한다.

내가 어느 날 열 통의 편지를 써서 사업을 함께 하고 싶은 열 사람에게 보냈다고 하자. 그 중에서 잘해야 한 사람 정도 긍정적인 대답을 해주리라 생각하면서 말이다.

중요한 것은 열 통 중에서 아홉 통이 아무 성과도 올리지 못했다는 것이 아니라, 마지막 한 통이 새로운 사업의 기회를 가져 올 수 있다는 가능성이다.

실패와 성공은 맞물려 있다

이 시점에서 밝혀두는데 내가 학교 시절의 밑바닥 성적을 자랑하고자 하는 것은 결코 아니다. 나는 다만, 학업 성적이 형편없는 사람은 전 과목 A학점을 받은 친구가 신나게 몰고 가는 버스 뒷좌석에 죽치고 앉아 있어야 한다고 생각하는 사람들에게, 그것이 잘못된 생각이라는 것을 알려주고 싶은 것뿐이다.

앞 장에서 러셀 크로우 얘기를 했으니, 이제 켈리 폭스(학교 다닐 때 이름은 Kelli Herd였다)라는 여자를 소개하려고 한다. 켈리와 나는 10대일 때 만났는데 아주 친한 사이였다.

그녀는 우리 학교 옆에 있는 여학교에 다녔다. 켈리는 노동자 집안 출신으로, 학교 근처 빈민촌에 있는 침실 두 개가 딸린 작은 오두막에서 할머니, 어머니와 함께 살고 있었다. 그녀 역시 성적이 좋지 않아 장래가 불안하기는 나와 마찬가지였다.

열일곱 살에 켈리는 시드니 여자고등학교를 떠났고, 나와 연락이 끊어졌다. 그 후 나는 우연히 우리 둘을 다 아는 사람을 만나, 켈리의 인생 역정에 대한 놀라운 얘기를 듣게 되었다.

러셀과 마찬가지로 켈리도 열정적인 사람이었다. 그녀의 열정은 점성술에 있었다. 그녀는 기술전문대학에 진학하여 그 분야에 대한 관심과 전문성을 키웠다.

동시에 그녀는 또 다른 관심 분야인 컴퓨터 기술을 연마했다. 그리고 애플사 계열의 컴퓨터 회사에서 일을 했는데, 거기서 열정적이고 헌신적인 IT 전문가인 데이빗 폭스라는 청년을 만났고, 서로 뜻이 맞아 결혼했다고 한다.

결혼 후 그들은 시장조사를 하고 자신들의 전문 능력을 검토한 결과, 점성술에 대한 켈리의 열정을 데이빗의 컴퓨터 기술과 결합하여 새롭게 성장하는 인터넷 분야에 진출하기로 결정했다.

당시 호주 시장에서의 인터넷 사업 성공확률이 상대적으로 낮았으므로 그들은 자신들이 개발한 온라인 점성술의 성공을 탐색하기 위해 미국으로 이주했다.

그리고 몇 년 동안 꾸준히 웹 사이트를 개발하고 개선한 끝에, 드디어 살길이 열리게 되었다. 미국에 처음 갈 때도 돈이 별로 없었지만, 재정적 파탄을 불과 몇 주 앞둔 아슬아슬한 시점으로 완전히 무일푼이 되기 직전이었다.

그들은 누군가 자신들의 꿈을 이해하고 성장하도록 도와주며, 더 늦기 전에 봉급을 줄 수 있는 사람과 합작을 하기 위해 결사적으로 노력을 했다. 그들이 할 수 있는 일이라고는 먼저 몇몇 대규모 인터넷 회사들과 접촉하여 자신의 구상을 설명해주고, 집으로 돌아와 기도를 드리는 것이었다.

인빌리지 닷 컴invillage.com이라는 회사가 주식 시장에 상장을 앞두고 있었는데, 켈리와 데이빗의 사이트를 맘에 들어 했다. 한 차례 상담을 한 후, 두 사람은 자신들의 사이트를 인빌리지 닷 컴에 약간의 현금과 상장을 앞둔 주식의 일부를 조금 받고 넘기기로 결정했다. 켈리와 데이빗으로서는 재정적으로 더 이상 버틸 수 없는 상황이었던 것이다.

그런데 놀라운 역사가 시작되었다. 그들이 인빌리지 닷 컴으로부터 받은 주식 가치가 상장 후 불과 몇 주 만에 1억 달러 이상으로 치솟은 것이다! 노동자 가정에서 태어나 자기 자신만을 믿고 지구 반대편으로 과감히 건너가, 계획을 세우고 성실하게 노력하며 활력을 불어넣은 결과, 부자가 된 한 젊은 여자를 상상해 보라.

우리는 누구든지 켈리 폭스와 같은 점을 지니고 있다. 즉 보통 사람이라 하더라도 특출하게 성과를 올릴 수 있는 가능성을 품고 있다는 것이다.

계속 집중하라

삶 속에서 실패를 하거나 성공하는 것은 자연스러운 일이다. 여러 일들이 뜻대로 되지 않더라도 너무 걱정하지 말기 바란다. 당신이 올해 다섯 가지 새로운 일들을 시도했다고 하자. 예를 들어 집을 옮기고, 새로운 운동요법을 시작하고, 새 직장을 가지며, 새로운 투자 계획을 시행하고, 새로운 종류의 스포츠를 시작하는 등등으로 말이다.

그런데 그 가운데 몇 개가 제대로 이루어지지 않는다 하더라도 큰 문제는 아니라고 생각한다. 그 중 두, 세 가지가 잘 이루어졌다면, 그만큼 당신은 연초에 비해 현저하게 발전한 것이 아니겠는가.

따라서 잘 되고 있는 일에 집중하고, 잘 안 된 일들은 옆으로 제쳐 놓기 바란다. 이럴 때 흥미로운 사실은, 백 가지 일이 잘 되어가고 한 가지 일이 잘 풀리지 않을 때, 대부분의 사람들은 안 된 한 가지 일에 집중한다는 점이다. 이럴 때 쉽게 해결이 날 것 같지 않으면 깨끗이 그 문제를 잊어버리고 다른 일로 옮겨가라고 나는 충고하고 싶다.

당신이 새 삶을 시작하기 전에 한 가지 명심할 것이 있다. 시동 시간에 대하여 성급하게 구는 사람이 되지 말라는 것이다. 여기서 시동 시간이란, 어떤 행동을 시작한 시점과 그 성과를 얻게 되는 시점까지의 시간을 말한다.

예를 들면, 멋진 몸을 만들겠다고 동네 체육관에 등록을 한 후 몇 번 나가고 난 다음에, 당장 아놀드 슈왈제네거가 될 것이라고 기대하지는 말라는 것이다. 그건 성급한 태도이다. 일정한 조정기간을 거치고 나야 성과가 나오며, 그것도 처음에는 미미하게 나타난다. 그러나 계속하다 보면 분명한 성과가 나타나게 된다.

 MEMO

삶 속에서 성공을 이루는 일은, 복권 추점과 같은 것이 아니라 예측 가능한 과학과 같은 것이다.

어떤 사람들이 계획을 세우고, 행동을 취하고, 자기 나름대로 성공의 지름길을 모색하며 하루하루를 열심히 지내는 동안, 다른 사람들은 성공을 위한 행운의 복권번호가 어느 날인가 맞아떨어지기를 기다리고 있다.

분명히 해둘 것은 성공은 교묘한 속임수로 이루어지는 것이 아니라, 명확하게 계획과 행동을 통해 성취된다는 사실이다.

마음의 유단자가 되라

_ 신념은 삶의 원천이다. 당신에게 힘이 되는 긍정적인 신념을 가진다면 못 해낼 일이 거의 없다. 힘이 되는 신념은 당장에 성공을 가져다주지 않더라도 훌륭한 결과의 가능성을 열어준다.

무술을 배우는 것과 자신의 마음을 조절하는 것 사이에는 닮은 점이 많다. 초창기 내 스승 중의 한 분인 프래드 그로스 박사는 '마음의 유단자가 되라' 는 표현을 쓰면서, 자신이 가지고 있는 소중한 자산을 조절하는 것이 무엇보다 중요하다고 가르쳤다.

무술을 연마하는 것과 마음을 조절하는 것은, 두 가지 다 우리가 어떻게 선택하느냐에 따라 습득할 수 있는 기술로, 누구나 충분한 시간을 할애하여 지도를 받으면 유단자가 될 수 있다. 중요한 것은 어디서 시작해야 하며 필요한 것이 무엇인지 배우고, 원칙대로 연마하고, 계속 향상시켜 나가는 것이다.

이렇게 성공의 길은 마음의 유단자가 되는 것에서 시작된다. 그러려면 몇 가지 기술을 터득해야 하는데 이것은 다섯 가지로 분류된다. 즉 힘이 되는 신념, 열성과 열정, 긍정적 사고, 인내심, 그리고 통제가 가능한 분야에 대한 집중력이다. 이것을 하나씩 검토해 보자.

힘이 되는 신념

우리는 대부분 앉은뱅이 꽃밭 같은 환경 속에서 자랐다. 그 결과 많은 사람들이 탁월함, 행복, 그리고 성공을 수용하는 신념의 틀을 발전시킬 수 없게 되었다. 좀 더 구체적으로 설명해보자.

당신이 여자인데, 세상을 온통 남자들이 움켜잡고 있으며 여자들은 보이지 않는 차별의 장벽에 막혀 있다고 배웠다고 하자. 이러한 신념 체계는 마치 핸드 브레이크를 채운 거창한 스포츠카를 매일 몰고 다니는 것과 같다고 할 수 있다.

그런 사고방식은 당신의 일부가 되어, 매순간 뚜렷이 의식하고 있지 않다 하더라도 브레이크를 채워놓은 것처럼 당신을 계속 뒤로 잡아당길 것이기 때문이다.

그런 부정적인 신념을 '세상은 열정을 갖고 정직하게 살아가는 사람들(여자, 남자 구분이 없다는 데 주목할 것!)을 높이 평가한다'는 긍정적인 신념으로 바꾸기 바란다. 그렇게 하면 즉시 그 핸드 브레이크가 풀려 더 적은 노력으로 더 빨리 당신이 선택한 목표들을 성취할 수 있게 될 것이다.

하나의 예로 내가 부동산을 판매하기 시작하던 때를 들 수 있을 것이다. 나는 어린 시절부터 내 소유의 사업을 하고 싶었으므로 창업이

가능한 분야를 선택하기로 했다.

여러가지 사업 중에서 특히 내가 할 수 있는 두 가지 사업이 관심을 끌었는데 하나는 부동산업이었고 또 하나는 여행업이었다. 둘 다 판매를 하며 사람들을 다루어야 하는 사업으로, 해 볼 만한 일이라고 느껴졌다.

그러다 나는 부동산 쪽을 택했다. 몇 개의 회사를 알아본 끝에, 드디어 아파트와 단독주택을 임대하는 회사에 취직하게 된 것이다. 이렇게 하여 1년 동안 하던 자동차 판매원 노릇을 청산하고, 새 출발을 하게 되었다.

부동산업에 투신하여 제일 먼저 알게 된 것은 부동산, 건축, 시장, 시가를 비롯한 최신 상품 지식을 철저히 터득해야 한다는 점이었다. 나는 도서관의 책들을 통하여 무엇이 연립주택이고, 무엇이 빅토리아식 집이며 또 에드워드식 주택인지 배웠다. 그리하여 고객들을 상대로 이러한 주택들에 관해 상담을 할 정도로 지식을 갖추게 되었다.

또 부동산 가격에 관한 모든 것을 배웠다. 매일 저녁 주로 다른 회사들이 운영하는 경매장에 들러, 경매된 모든 부동산들의 가격을 뒤쪽에 앉아서 적었다. 다음날은 차를 몰고 전날 경매된 집 옆을 지나가면서, 마음속으로 일일이 경매 가격을 알아맞혀 보았다.

그리고 경매장에서는 우수한 판매원들이 어떻게 경매장을 활용하는지, 고객들을 어떻게 상대하는지 그들의 행동을 주의 깊게 관찰했다. 종종 응찰자들 옆에 가서 그들이 다른 사람들과 하는 얘기를 엿듣기도 했다. 너무 재미있어서 나는 그 일에 푹 빠져들었다. 매일매일 일하러 가는 것이 마치 디즈니랜드에 가는 기분이었다.

이 정도 지식을 갖추고 임대업계에서 2년 동안 일한 후에, 판매 분야로 옮기기로 결정했다. 그때 내 나이는 겨우 스무 살이었다. 대개 나이 든 사람들이 차지하고 있는 부동산 판매업계에 그렇게 나이가 어린 내가 뛰어든다는 것은 원칙에 다소 벗어나는 일이었지만, 나는 해낼 수 있다고 생각했다.

나는 헌신적이었고, 최선을 다해 일을 할 자세가 되어 있었으며 그 무엇도 나를 막을 수 없다는 결의로 가득 차 있었다. 이렇게 하여 나는 꿈을 좇아 출발했다.

그 첫날 나는 아는 신사와 우연히 만났는데, 그는 오랜 세월 동안 부동산업에 종사해 왔으며, 크게 성공을 거둔 것은 아니지만 재능을 갖춘 판매원이었다. 나는 그를 존경했었는데, 아마 그가 연장자라는 이유가 컸을 것이다.

그가 나에게 무엇을 하려느냐고 묻기에 부동산 관리직을 떠나 판매업을 시작하려 한다고 말했다. 그는 좀 이상하다는 듯이 나를 쳐다보더니 걱정스럽다는 투로 머리를 내저었다. '그런 결정을 하기 전에 우선 나에게 상의를 했어야지. 부동산을 거래하려는 사람들은 자네 같이 어린 사람들을 상대하지 않는다는 것을 모르는군. 믿고 거래

할 만하다고 느껴지는, 머리가 희끗희끗하고 나이가 지긋한 사람을 찾는다네.' 라고 말했다.

이거야 참, 믿어지지가 않았다! 100%로 솟구치던 내 정력과 열기는 40% 아래로 급락했다. 그 정도로 경험을 쌓은 사람의 말이 틀릴 리가 없다는 생각이 들자, 나의 능력에 회의를 느끼게 되었다.

그 후 몇 달 동안 부동산 판매를 시도해본 결과 나는 그의 말이 옳다는 것을 실감했다. 아무 일도 되지 않았다. 내 신념 체계가 고작 그 신사의 암시에 걸려 재구성 되어버린 것이다.

나는 바로 절망적인 상태에 놓였다. 부족하지만 그런대로 고참이 되기 위한 자격을 다져가고 있던 괜찮은 일자리를 떠나, 내가 지닌 자질로는 벅차다고 느껴지는 위험한 일자리로 '잘못' 옮겨온 것이 아닌가. 나는 내가 제대로 가고 있다고 믿을 수가 없었다.

그 무렵 나는 세계에서 가장 유능한 부동산 판매업자라고 칭송받는 미국인에게 만날 기회를 달라는 편지를 보내놓고 기다리고 있던 참이었다. 그의 이름은 니콜라스 바손이었다.

바손 씨는 내가 방문하면 기꺼이 자신의 경험을 얘기해 주겠노라고 답을 보내왔다. 밑질 것이 없다고 생각했다. 그의 비결이 무엇인지 배우기 위해 호주를 떠나 사흘 동안 뉴욕을 방문하기로 했다.

그때까지 한 번도 해외여행을 가본 적이 없었고, 특히 새 직업을 얻은 후 별로 실적도 올리지 못한 처지라 그런 여행은 큰 부담이 아닐 수 없었다. 어찌되었건 나는 그런 부담을 떨쳐내며, 난생 처음 비행기에 올라타고 사람들이 '큰 사과'라고 부르는 뉴욕으로 향했다.

멀리 지구 반대편에 떨어져 있는 그곳을 보자마자 나는 기가 질렸는데, 이 사건은 내 인생을 완전히 뒤바꿔 놓았다. 뉴욕 공항에 착륙한 지 두 시간이 채 못 되어 나는 바손 씨를 만났다.

그는 키가 크고 풍채가 좋았는데, 황금빛 외투를 입고 있었다. 황금빛 외투에도 불구하고 나는 그가 '보통' 사람의 외모를 가지고 있다는 사실에 당장 감동을 받았다. 상투적인 판매원 티가 나지 않고, 어디서나 볼 수 있는 그냥 평범한 사람 같았던 것이다.

나는 그에게 부동산에 관한 질문을 하고 어떻게 하여 지구상에 있는 어떤 판매원보다 실적이 더 우수할 수 있었는지 물었다. 그는 이민 온 노동자층의 대가족 속에서 태어나 부동산을 통해 스스로 노력하여 새 삶의 기회를 찾게 된 이야기를 들려주었다.

그는 진지했고, 정열적이며 부지런한 사람이었다. 나는 그를 정말 닮고 싶었으며, 언젠가는 나 역시 지구상 최고의 부동산 판매업자가 되기를 원한다고 했다. 그는 미소를 지으며 반문했다.

"왜 '언젠가'라고 미루는 건가? 지금 당장 그렇게 될 수는 없나?"

바로 이 한마디가 나에게 충격을 주었다. 그때까지는 누구도 내게 그런 식으로 말해준 사람이 없었기 때문이다. 처음에는 좀 거북했지만, 그 말은 내가 생각을 다시 해볼 수 있도록 만들었다.

나는 그에게 사업을 시작하고 몇 개월이 지났는데 성공과는 거리가 멀며 사실 일을 집어치우기 직전이라고 솔직히 말했다. 그리고 시드니에 있는 그 경험 많은 사람이 내가 판매업을 하기에는 너무 어리다고 했으며, 그때까지의 내 판매 실적을 보면 그 사람 이론이 확실히 맞아떨어지고 있다는 말도 했다.

바손 씨는 어이없다는 듯이 나를 바라보았다. 그리고 말했다.

"여보게, 존, 나는 원래 가난하게 태어났다네. 영어를 하기 시작한 것도 겨우 15년밖에 안 되지. 학교도 가지 못했네. 그런데도 이런 사실들이 나의 성공 여부와 아무런 관계가 없었네. 자네가 지금 충분히 잘하고 있는 걸 보면, 자네가 이 일을 할 만큼 충분히 나이가 들었다는 걸세!"

신념은 삶의 원천이다. 당신에게 힘이 되는 긍정적인 신념을 가진다면 못 해낼 일이 거의 없다. 반대로 당신이 억제하는 신념을 가지고 있다면 그것은 큰 문제이며 거의 틀림없이 부정적 신념의 악순환이 가속화될 것이다. 다시 말하지만, 힘이 되는 신념은 당장에 성공을 가져다주지 않더라도 훌륭한 결과의 가능성을 열어준다.

이런 경우를 생각해 보자. 두 사람이 같은 매장에서, 같은 고객층을 대상으로 같은 상품을 팔고 있다. 한 고객이 매장에 들어섰을 때, 억제하는 신념을 가진 판매원은 그 고객을 귀찮게 본다. 결코 아무것도 사지 않고 구경만 하며 시간을 낭비시키는 사람으로 보기 때문이다.

그런 판매원은 손님을 어떻게 대할까? 몸짓이나 표정이나 말투가 손님을 문 밖으로 몰아내는 메시지를 발산한다. 그러고 나서 그 판매원은 자기 동료들에게 이렇게 말할 것이다. '내가 뭐랬어. 시간 낭비라고 했잖아?'

또 다른 판매원의 경우를 보자. 이 판매원은 매장에 들어서는 고객이 뭘 사던지 말던지 상관없이 소중한 사람으로 본다. 그리고 잘 안 내하고 하는 말에 귀를 기울여 듣고 응답을 잘하면, 그 손님은 뭔가를 사거나, 사지 않더라도 최소한 자기 주위에 물건을 살만한 다른 누군가에게 그 가게를 소개해 줄 것이라고 믿는다.

그 판매원은 손님을 자신의 지식과 판매기술을 활용하여, 훌륭한 서비스를 제공하고 부가가치를 창출할 수 있는 하나의 기회 제공자로 본다. 이런 경우 그 고객과의 관계는 앞의 경우와는 전혀 다른 방향으로 발전하게 된다.

즉 만족감과 사업 성과를 동시에 얻게 되며, 더 나아가 평생 이어지는 고객이 되어 다른 고객을 소개해 주는 관계가 될 것이다.

인생은 바라보는 시각에 따라 그 결과가 엄청나게 달라진다. 자신의 신념들을 면밀히 검토해 보고 목표 달성에 도움이 되지 않는 것은 과감히 없애버려, 당신 자신과 주위 사람들의 삶의 질을 향상시키기 바란다.

열성과 열정

니콜라스 바손 씨가 그 말을 한 순간, 나는 내 삶이 바뀌는 것을 느꼈다. 그리고 등줄기가 오싹해져 왔다. 나는 아직도 그 순간을 떠올리면 그 느낌이 되살아난다.

그 말을 듣기 전보다 들은 후에 내 자질 자체가 갑자기 향상됐을 리는 없다. 그러나 차이점은, 그 말을 듣는 순간 성공과 성공의 조건에 대한 새로운 신념을 갖게 되었다는 점이다.

바손 씨는 계속해서 물었다.

"고객들이 원하는 것이 상품에 대해 온전한 지식을 갖추고 고객을 진심으로 섬기는 열성적인 사람의 훌륭한 조언 쪽이라고 생각하나요, 아니면 머리가 희끗희끗한 늙은이 쪽이라고 생각하나요?"

대답은 뻔했다. 니콜라스 바손 씨 덕분에 나는 딴 사람이 되어 집으로 돌아왔다.

성공은 타고나는 재능이 아니라 학습이 가능한 기술이다. 우리는 성공을 스스로 터득하거나 타인으로부터 배울 수도 있다. 타인으로부터 배운다는 것은 성공을 위해 중요한 일이다.

운동하는 사람들은 항상 그렇게 한다. 야망에 찬 젊은 골프 선수들은 위대한 선수들의 기술을 연구하는데 많은 시간을 보낸다. 시행착오를 되풀이하며 자신도 그렇게 되도록 노력을 계속하는 것이다.

어느 분야에서든지 성공을 위해서라면 우리 모두 그렇게 해야 할 것이다. 정상에 오른 사람을 선택해 그들이 어떻게 하고 있는지 연구해 보기 바란다. 그들의 행동을 관찰할 수도 있고 그들에 관한 책을 읽을 수도 있으나, 무엇보다 좋은 것은 그들과 직접 개인적인 대화를 나누는 것이다.

나는 내가 배울 점이 있다고 생각되는 긍정적인 사람들과 함께 시간을 보내려고 노력한다. 그런 사람들은 나를 한 단계 높게 도약하도록 부추겨준다.

주변에 긍정적인 사고를 가진 사람들을 많이 두는 것도 하나의 확실한 방법이다. 우리가 하는 일이 잘 되어가지 않을 때가 더러 있는데, 그럴 때 그런 긍정적인 사람들은 안전망이 되어준다. 주변에 긍정적인 사람들이 있으면, 당신은 닥쳐오는 장애물에 과감히 다가갈 수 있을 것이며 너끈히 뛰어넘을 수도 있게 될 것이다.

훌륭한 태도는 훌륭한 환경을 만들어준다. 훌륭한 태도는 자석과도 같아 흥미로운 사람들을 당신에게 끌어당겨준다. 만약 당신의 태도가 시원찮으면 훌륭한 사람들을 당신 편으로 끌어들이지 못할 뿐만 아니라, 실제로 좋은 기회들을 놓쳐버리는 결과를 초래하게 한다.

열정은 성공을 위한 훌륭한 수단이며, 인생을 살아가는 멋진 방법이다. 열정이 지닌 가장 신나는 장점은 그 누구라도 순식간에 그것을 가질 수 있다는 점이다. 열정을 갖기 위해 학위가 필요한 것도 아니고 오랜 경험을 쌓거나 무슨 좋은 일이 생겨야만 하는 것도 아니다.

당신에게 필요한 것은, 자신의 꿈을 이루기 위해 자신을 불태울 수 있는 열정이다.

나는 사람들이 자주 '내게 그런 좋은 일들이 생기기만 하면, 나도 열정적으로 할 수 있을 텐데…'라고 말하는 것을 들어왔다. 그건 완전히 틀린 생각이다. 사실은 그 반대로, 열정만 가지고 있으면 좋은 일들이 생긴다!

그러므로 결단을 내리고 지금 그 여건에서 전력을 다하기 바란다. 당신의 모든 것을 직업과 가정과 친구들을 위해 바치는 것이다. 실제로 수첩이나 달력에 적어놓은 중요한 일들은 모두 열정과 열성으로 성취된다. 그렇게 하면 그 결과물은 생각보다 빠르게 다가온다.

긍정적 사고

대부분의 사람들이 사고방식의 위력을 과소평가하고 있다. 그래서 부정적인 사고방식을 가지고 있으면서도 긍정적인 삶을 살 수 있다고 생각한다. 그러나 속마음은 결국 밖으로 노출되고 만다. 부정적인 생각을 품고 있으면서도 필요하면 긍정적인 생각을 끌어들일 수 있다고 자신을 속이지 말기 바란다.

항상, 최대한 긍정적으로 생각해야 한다. 나는 이것을 내 나름대로 채널 37, 즉 긍정적 채널에 맞추는 것이라고 표현하고 있다. 내가 이렇게 텔레비전 채널에 비유하는 이유는, 한 사고방식을 다른 사고방식으로 쉽게 바꿀 수 있다는 것을 알려주고 싶어서이다.

어떤 프로그램이 싫증나거나 맥빠지게 하면 얼른 리모컨을 눌러 다른 프로그램으로 바꾸듯이, 당신의 태도도 그렇게 바꿀 수 있다. 당신의 긍정적인 사고방식을 채널 37이라고 부르건, 채널 22라 부르건 상관없다. 중요한 것은 당신의 의식 상태가 당신의 선택에 따라 바뀔 수 있다는 사실이다.

이런 시나리오를 상상해 보자. 집에서 부부싸움이 벌어졌다. 아주 심하게 다투고 있는데 전화벨이 울렸다. 당신은 즉시 수화기를 들고 미소를 지으며 정중하게 상대편에게 인사를 한다. 그런데 통화가 끝나고 나면 돌아서서 다시 전투를 개시한다.

그런 행동을 권장하거나 옹호하는 것은 아니지만, 감정이나 의식의 채널을 얼마나 쉽게 바꿀 수 있는지 설명하기 위해 이 예를 든 것이다. 그것은 텔레비전 리모컨을 누르는 것 보다 어려울 게 없다.

자신의 기분을 마음대로 선택할 수 있는 능력을 가졌다는 것을 알게 되면, 어떻게 자신의 생각과 행동을 조절할 수 있는지도 알 수 있다. 당신은 사업을 위한 채널, 남을 섬기는 채널, 공격적인 채널 등을 선택할 수 있다. 실제로 우리는 우리 삶을 통해 다양한 채널을 사용한다. 명심할 것은 그 누구도 아닌 바로 당신이, 그 리모컨을 쥐고 있다는 사실이다.

당장 내일 아침, 당신은 침대에서 일어나자마자 자신이 원하는 기분과 사고방식에 어울리는 채널을 선택할 것이다. 긍정적인 채널을 선택할 수도 있고, 부정적인 채널을 선택할 수도 있다. 긍정적인 채널은 당신의 하루를 재미있고, 생산적이고, 유용하며 신나게 만들어 줄 것이다. 부정적인 채널은 많은 사람들이 곧잘 선택하긴 하지만, 비생산적이기 십상이다. 좌우지간 어쩌다 채널을 잘못 선택했다 하더라도, 당신이 즉시 바꿀 수 있다는 점을 잊지 말기 바란다.

차를 몰다가 우리는 종종 자신도 모르는 사이 길을 잘못 들어 기분이 상할 수 있다. 누군가 끼어들기를 한다든가, 기분 나쁜 말을 내뱉는 바람에 나쁜 주파수에 말려들 수도 있을 것이다. 그럴 때 단순하게 마음의 채널을 바꾸면 된다. 스스로에게 '자, 채널 37로 바꾸자'라고 말하라.

나는 아침에 회사에 갈 때 대개 좋아하는 운동이나 음악 덕분에 기분이 상쾌하게 상승되어 있다. 그러나 가끔은 비생산적인 기분일 때도 있다. 그런 기분을 떨쳐버리기 위해 내 방식으로 하는 세레모니가 있다. 자동차 시동 열쇠를 긍정적인 채널 37 또는 비즈니스를 위한 채널 39를 켜는 열쇠라고 상상하며 돌리는 것이다.

그러면서 오늘 하루를 즐겁고 생산적으로 지내기 위해 긍정적인 비즈니스 모드로 들어가야 한다고 나 자신에게 말한다. 이것은 비현실적으로 들릴지도 모른다.

그러나 분명히 그것은 매일 나에게 효과가 있다. 이 세레모니가 끝나면, 나는 음악을 들으며 신나게 일터로 달린다.

핵심을 말한다면, 당신의 생각이 바로 당신이라는 점이다. 그러므로 생각을 조절하고 점검하여 부정적이거나 불필요한 부분은 떨쳐버리고, 보다 긍정적인 생각으로 당신의 의식을 채워야 한다.

이렇게 하는 또 하나의 방법은 확언確言이다. 즉 긍정적인 생각을 자신에게 되풀이하여 주입함으로써 의식 속에 긍정적인 사고방식이 뿌리 내리도록 만드는 것이다.

나는 매일 나 자신에게 '세상에는 기회가 넘치도록 많다. 나에게 나타나는 것은 모두가 선물이다' 라고 말한다. 크게 떠드는 것은 아니지만 나는 계속 그렇게 생각한다. 생각이 태도를 결정한다. 그리고 태도는 성공의 핵심이다.

끈기를 가져라

긍정적인 태도는 살아있는 유기체와 같아서 매일매일 영양을 공급해주고 돌보아주어야 한다. 성공에 관한 책을 한 권 읽거나 동기강화에 관한 세미나에 한 번 참가했다고 해서 당신이 긍정적인 사고를 평생 유지할 수 있게 되는 것은 아니기 때문이다. 이것은 마치 샤워를 한 번 했다고 해서, 평생 몸이 깨끗하고 상쾌하기를 바랄 수 없는 이치와 같다.

따라서 훌륭한 태도를 가진다는 것은, 한 번에 완성되는 것이 아니라 매일 관리를 해야 되는 일이다. 그리고 현재 잘 되어가고 있다 하더라도 잘못 되는 경우가 생기기 마련이다. 그럴 때 제자리로 되돌아올 수 있게 하는 방법이 필요하다. 독서하기, 테이프 듣기, 세미나에 참가하기, 또는 긍정적인 사람들과 어울리는 것은 이럴 때 도움이 되는 방법들이다.

그리고 매일 스스로 동기를 부여하기 바란다. 아침에 잠은 깼는데 일어나기 싫을 때가 가끔 있다. 그날 힘겨운 회의가 열 두어 개 쯤 있을 수도 있고, 핵심 직원 한 명이 사직을 하려고 할 때도 있다. 또는 중대한 협상을 앞두고 마음에 큰 부담이 될 때도 있을 것이다. 이런 날은 무엇이 잘못될지 알 수가 없다.

이럴 때 동기가 강화되는 테이프를 듣는 것은 큰 도움이 된다. 집과 직장 사이의 거리는 자동차로 단지 몇 분밖에 걸리지 않지만, 매일 나는 습관적으로 시동을 걸자마자 힘을 북돋우는 음악을 듣거나 내게 힘이 되는 테이프를 듣는다. 이렇게 함으로써 나는 삶에 대한 올바른 태도를 계속 유지할 수 있게 되는 것이다.

오늘 아침 나는 델 컴퓨터 회사의 마이클 델 회장 얘기를 테이프로 들었다. 그는 30세에 이미 자기 회사를 세계 최대의 컴퓨터 회사로 만든 사람이다. 그가 어떻게 성공을 거두었으며, 임직원들에게 어떻게 동기를 부여하며, 판매를 높이기 위한 핵심 전략이 무엇인지 얘기하고 있는 것을 들으면 절로 신이 난다.

이런 것은 값을 매길 수 없을 정도로 귀중한 것인데, 많은 사람들이 곤경에 빠져 있으면서도 자신에게 꼭 필요한 용기를 주는 정보를 가까이 하려 하지 않는 것을 보면 참으로 딱하다.

나는 또 '성공 저널'이라고 이름을 붙인 책을 활용하곤 한다. 이 것은 내가 직접 만든 빨간색 두꺼운 표지로 된 두 권의 자료집이다. 한 권은 앨범으로, 내게 용기를 주는 사진, 편지, 메모 등을 보관한다. 어떤 사진들은 내게 동기를 부여해주는 사람과 같이 찍은 것들이며, 어떤 사진들은 그냥 즐거웠던 추억의 장면들이다.

또 하나의 책 속에는 신문이나 잡지 기사, 훌륭한 책의 일부, 또는 누군가 했던 말을 인용한 것 등, 내게 영감이나 용기를 주는 것들을 붙여 놓았다.

나는 가끔 시간이 나면 이 책을 넘기면서 3, 4년 전에 보았던 것을 다시 보거나 읽기도 하는데, 그럴 때마다 그것을 처음 대하던 때와 같이 긍정적인 새로운 힘을 얻게 된다.

어떤 때는 중요한 회의에서 주제 연설을 해야 하는 등, 특별한 일을 앞두고 이 '성공 저널'을 넘겨보기도 한다. 중대한 일을 앞두고 이렇게 마음의 자세를 제대로 갖추다 보면 일이 훨씬 수월해진다.

긍정적인 태도는 습관과 같다. 오래 유지할수록 관리가 쉬워진다. 운동연습과도 같이 하면 할수록 쉬워지는 것이다. 그리고 시간이 좀 지나면 저절로 추진력이 생기게 된다.

그래서 연습 기간을 거치지 않고서도, 긍정적으로 생각하는 것이 부정적으로 생각하는 것보다 더 쉬워지게 된다. 덕분에 나는 어떤 문제가 생길 때마다 자동적으로 부정을 긍정으로 바꾸는 해결방법을 찾아 앞으로 나아간다.

조절할 수 있는 일에 집중하라

자신을 둘러싼 외부를 바로잡기 전에 자신의 내부를 바로잡기 바란다. 외부를 조절할 수는 없어도, 자신의 내부는 완전히 조절할 수 있기 때문이다.

인간관계에 문제가 있을 때 상대방이 하는 일을 조절할 수는 없겠지만, 자신이 하는 일은 조절할 수 있다. 그리고 당신이 대응하는 방법을 바꾼다면, 서로의 관계 역시 바뀔 가능성이 높다.

그러므로 직장 상사거나 동료거나 대상이 누구든지 간에, 상대방을 비난하기보다 자기 자신을 살펴보고 그 상황을 바꾸기 위해 뭘 할수 있겠는지 먼저 자신에게 물어보기 바란다.

내가 1989년 처음 사업을 시작하던 때가 생각난다. 회사는 내리막길이었고 친구들과 가족은 변덕이 심한 환경 속에서 전혀 새로운 사업을 시작하는 나 때문에 걱정이 많았다. 사업자금 대출금리는 17%고 그런 상황에서 부동산 경기는 하락하고 있었으며, 경제전문가들은 향후 5년이 최악일 것이라고 예측했다.

나는 그들의 경고를 검토하고 환경을 점검했다. 그들의 말이 옳았다. 내가 금리를 조절할 수 없고, 시장이나 고객의 심리를 조절할 수도 없었다. 당시 부동산업과 유사한 분야의 사업들은 고전을 면치 못했는데, 지금 되돌아보니 그 시기에 기존업체건 신규업체이건 망한 회사가 많았던 것 같다.

그런데 그 상황 아래 내가 부동산 경기 자체를 조절할 수는 없었지만, 그 외 다른 많은 것들은 조절할 수 있었다.

제일 먼저 할 수 있었던 것은 판매 활동의 질적인 부분이었다. 그리고 나 자신의 태도와, 성실성 그리고 열정도 조절할 수 있었다. 또한 최고의 인재들만 채용했으며, 직원들에게 양질의 교육을 시켰다. 성공을 위해서는 이러한 일들이 다른 외적인 일들보다 훨씬 중요하게 느껴졌다. 나는 의식 속에 부정적이거나 회의적인 생각이 들어오는 것을 결코 허용하지 않았다.

솔직히 말하면 그 당시의 나는 순수함과 열정으로 뒤섞여 있었다. 중요한 것은, 나는 해낼 수 있다고 믿었으며 내가 조정할 수 있다고 생각하는 모든 부분에 에너지를 투입해 어떤 기회도 놓치지 않으려고 애썼다는 점이다. 그 외는 아무래도 상관없었다.

나는 삶이 내부 영역과 그것을 둘러싼 외부 영역, 이 두 가지로 구분되어 있다고 생각한다. 외부 영역은 어떤 식으로든지 나에게 영향을 주는 것으로 구성되어 있다. 예를 들면 금리, 계절, 경제 상태, 경쟁 대상 및 정치 상황 같은 내가 조절할 수 없는 것들이다.

그런데 내부 영역은 내가 조절할 수 있는 것들로 구성되어 있다. 이를테면 태도, 목표, 아침에 일어나는 시간, 건강, 작업 시간, 독서량 같은 것들이다. 여기서 내가 충고하고 싶은 점은 내부 영역에 집중하라는 것이다. 매일 당신이 조절할 수 있는 일에 매달려라. 그 밖의 것에 대해서는 단 1분도 낭비하지 말라.

스스로 조절할 수 있는 것들이 삶을 바꾼다. 장기적으로 보면, 당신이 조절할 수 없는 것들은 당신에게 영향을 미치지 못하게 된다. 결국 금리의 상승이나 하락보다는 열정, 집중, 기획력이 당신의 삶에 훨씬 더 큰 영향을 끼치게 될 것이다.

 MEMO

당당한 삶을 획득할 수 있게 하는 가장 중요한 요소는, 멋진 마음가짐이다. 마음의 유단자가 된다면, 즉 원하는 목표에 걸림돌이 되지 않고 힘을 불어 넣어주는 신념을 창출해낼 수만 있다면, 당신이 그렇게 되고 싶어 하던 바로 그 삶을 믿을 수 없을 정도로 빠른 시일 안에 성취할 수 있게 될 것이다.

PART 02

라이프 플랜을
만들어라
Creating a Life Plan

라이프 플랜을 만들어라

__ 드디어 당신은 세상에서 가장 영향력이 큰 컴퓨터를 재편성할 수 있는 기회를 맞이하게 되었다는 것을 깨닫기 바란다. 그 컴퓨터는 바로 당신의 마음이다.
주변에 있는 다른 사람들에 의해 입력되었던 과거의 프로그램은 말끔히 잊어버리자. 이제는 당신이 품고 있던 꿈을 실현시킬 강력한 프로그램으로 교체하기 바란다.

문이 닫히기 전에

혹시 'Sliding Doors' 라는 제목의 영화를 보셨는가? 나는 엄청난 영화 팬이어서, 바쁜 일정 중에도 잠시 해방감을 맛보기 위해 영화관을 찾곤 한다. 영화 속에는 종종 훌륭한 교훈이 숨겨져 있다. 영화 'Sliding Doors' 의 경우도 그랬다.

독자들이 모두 다 그 영화를 보지 않았다 하더라도 여기서 지루하게 그 얘기를 다 늘어놓을 생각은 없다. 단지 그 영화가 주는 교훈이 무엇인지 알 수 있도록 요점만 얘기하려고 한다.

한 여자가 동료인 남자와 사귀는데, 그녀는 그 남자를 사랑하고 있으며 장래 동반자로 생각한다. 어느 날 그녀가 출근길에 전철을 타려고 하는데, 그 순간 문이 닫히고 있다.

다음 장면은 그녀가 그때 전철을 탔느냐 타지 못했느냐에 따라, 그

녀의 삶과 그 남자와의 관계가 어떻게 달라지는지 보여준다. 참으로
흥미진진한 이야기다. 그 영화의 비유는 참으로 강렬하다.

매일 아침 당신은 일어나자마자, 수많은 기회들로 가득 차 있는 이
멋진 세상과 만나게 된다. 창의력을 발휘할 수 있는 기회, 뭔가 더 성
취할 수 있는 기회, 누군가에게 무엇인가를 베풀 수 있는 기회, 자신
의 경력을 쌓기 위해 공부할 수 있는 기회가 당신을 둘러싸고 있다.

이런 기회를 갖게 된다는 것은, 앞에서 말한 그 기회의 미닫이문을
통과해 발을 내디뎠는가, 아니면 놓쳤는가에 달렸다. 이런 경우를
상상해 보라.

다음번에 울리는 전화 벨 소리는 당신의 삶을 바꾸어 놓을 수 있는
누군가가 건 전화일 수도 있다. 새로운 고객일 수도 있고, 오래된 친
구일 수도 있고, 스승이거나, 평생을 같이 할 동업자가 될 수도 있다.

그런데 많은 사람들이 그것이 단지 하나의 귀찮은 일이라고만 생
각하기 쉽다. 당신의 삶을 바꿀 수 있는 기회가 당신이 모르는 사이
에 왔다가 그냥 가버릴 수 있다는 것을 기억하기 바란다.

그렇다면 어떻게 하는 것이 기회를 이용하는 것인가?

걸려오는 전화가 모두 당신의 삶을 바꿀 수도 있다는 생각으로 열
성과 기쁜 마음, 즉 '반갑습니다!' 라고 하는 태도로 받기 바란다.

마주치는 모든 사람들 한 명 한 명을 오래도록 사귈 새 친구로 여
기고 반갑게 맞이해 보라. 항상 최선을 다해 대하라. 이렇게만 한다

면 당신에게 다가오는 모든 기회를 최대한 활용하게 될 것이다.

높이뛰기 바를 더 높여라

우리 삶에서 기준이 되는 것에 관해 생각해 보기로 하자.

우리는 의식적으로나 무의식적으로나 일상생활에 일정한 기준을 유지하며 살아가고 있다. 일, 건강, 인간관계, 고객 봉사 등 모든 면에서 그렇다. 많은 사람들이 그것을 의식 하지 못하고 있지만, 사실은 자기 나름대로 기준을 지키며 살아가고 있는 것이다.

시간을 지키는 문제에 대해 살펴보자. 기다리거나, 기다리게 하는데도 나름대로 기준이 있다. 인간관계에 있어서도 마찬가지이다. 상대방이 더 발전할 수 있도록 지원해 주는 경우도 있고, 그렇게 하지 않는 것이 기준이 되는 경우도 있다.

섭생에 있어서도 그렇다. 당신에게 좋은 음식을 골라 먹을 수도 있고, 주는 대로 먹는 것이 기준이 될 수도 있다. 이 모든 것들이 기준의 문제이다. 삶의 질을 빠르게 향상시킬 수 있는 간단한 방법 중의 하나는, 이 기준들을 검토하고 그 차원을 높이는 것이다.

아주 마음이 끌리던 한 사람과 첫 데이트를 하던 때를 한 번 돌이켜 보자. 그 사람이 지금의 배우자나 애인일 수도 있고, 과거로 사라져버린 사람일 수도 있을 것이다. 그때 자신이 얼마나 잘 준비가 되어 있었는지 생각해 보기 바란다.

짐작하건대, 만나기 전날 머리를 자르거나 손질하고, 가장 좋은 옷을 다림질해두고, 멋있는 식당을 골라놓고, 말끔히 세차도 하고, 한 시간이나 일찍 나가서 기다리며 상대방에게 들려줄 진지한 찬사를 생각해 놓기도 했을 것이다. 누구나 이러한 경험들을 가지고 있다.

그랬을 경우 그 첫 데이트는 성공했을 가능성이 높다. 왜냐하면 모든 생각과 노력을 기울여 최선을 다했기 때문이다. 신바람이 나서, 그 데이트가 멋진 경험이 되길 바라며 할 수 있는 모든 것을 다한 것이다. 다시 말해 당신이 기준을 높게 잡았다는 말이다.

그런데 많은 사람들의 경우, 관계가 발전되고 무르익으면 첫 데이트 때 보여줬던 기준이 낮아지는 수가 있다. 몇 달이 지나고 나면 신나는 모험도 줄어들고 약속시간도 처음보다 덜 지키게 된다. 그리고 연애편지도 안 쓰게 되고, 수시로 주고받던 작은 선물들도 없어지게 된다. 전반적으로 기준이 낮아진 것이다.

그런 관계는 대체로 실패하기 쉽다. 시간이 흘렀다는 것이 그런 신비스러운 힘을 사라지게 하는 원인이 되는 것은 결코 아니다. 기준의 변화가 바로 그 원인인 것이다.

물론 매일 밤마다 첫 데이트를 앞둔 것처럼 그렇게 할 필요는 없을 것이다. 그러나 지금보다 더 깊고 더 멀리 도약하기를 원하며 더 나은 인간관계를 맺기를 바란다면, 그렇게 하지 않는 것보다는 낫다고 생각한다.

비슷한 예로, 새 직장에 처음 출근한 날을 생각해 보자. 틀림없이 당신이 갖고 있는 옷 중에서 제일 멋있는 옷으로 차려입고 좋은 인상을 주고 싶어 일찍 도착했을 것이다. 그건 아마 앞날에 대한 신선하고 흥분된 설렘 때문이었으리라. 그리고 일할 수 있도록 소중한 기회를 준 회사를 위해, 더 많이 일하고 가치를 부여할 기회를 모색했을 것이다.

그러나 시간이 지나면서 그 열성은 점점 사그라졌을 것이다. 한 번 상상해 보라. 당신이 지금까지 계속 첫 출근 때의 마음가짐으로 직장에 나왔다면, 지금쯤 당신의 경력이 얼마나 달라져 있겠는가?

'평범한 사람들이 가진 장점 중의 하나는 자기가 항상 최고인 줄 알고 있는 것'이라는 속담이 있다. 농담이지만 진리이기도 하다. 많은 사람들이 높은 곳을 목표로 삼는 **흥분지대**보다는 평범하게 지내는 **안전지대**를 선택한다. 그런데 이런 **안전지대**에서는 결코 성공하기가 힘들다.

성공은 새로운 지평을 향해 계속 자신을 확장해 나감으로써만 얻어지는 것이다. 그리고 그렇게 앞을 향해 나아가다 보면, 당연히 우리는 과거에 머물러 있던 자리로 뒷걸음을 칠 수 없게 된다. 더 높은 단계를 향해 나아가 계속 더 높은 수준을 유지할 수 있게 되기 때문이다. 이렇게 더 높은 기준에 다다름으로써 당신 삶의 차원과 질을 높일 수 있게 되는 것은 너무나 당연한 일이다.

이것은 실제로 무엇을 의미하는 걸까? 매일 매일의 삶 속에서 어떻게 해야 삶의 기준을 높일 수 있게 되는 걸까?

그 해답은 지금 당장, 그것을 체계적으로 행동에 옮기라는 것이다. 자기의 일과를 몇 개의 주요 구성 요소로 나누고, 그 각각의 요소를 어떻게 향상시킬 수 있는지 검토해 보라.

업무시간은 당연히 중요한 요소 중의 하나이다. 매일 아침 지금보다 한 시간 더 일찍 일어나 매일 30분씩 더 일한다는 결정을 내릴 수도 있다. 또, 당신이 하루에 열 곳에 전화를 걸고 있는 판매원이라면 앞으로는 열다섯 곳에 전화를 걸기로 결정할 수도 있다.

만약 당신이 조직의 장으로서 지금까지 직원들을 칭찬하거나 표창해 본 일이 없었다면, 앞으로는 그렇게 하도록 습관을 바꿀 수도 있다. 훌륭한 사장은 직원들이 잘못하는 것을 찾으려 하지 않고 잘하는 것을 먼저 찾으려 한다고 누군가 말했다.

당신은 업무가 아닌 사생활에서도 기준을 높일 수가 있다. 앞으로는 배우자에게 매일 뭔가 기분 좋게 하는 의미 있는 말을 건네겠다고 결심할 수도 있다. 사실 얼마나 간단한 일인가? 하루 한 마디씩만 하면 상대방과의 관계를 변화시킬 수 있는 것이다!

이런 작은 일들이 당신의 삶에 혁명을 일으킬 수 있다. 왜냐하면 그런 행동을 자주 하다 보면 그것이 이루어질 수 있게 되기 때문이다.

높이뛰기 바를 더 높게 두라는 말은 자신의 기준을 높이라는 뜻으로 한 말이다. 높이뛰기 선수들은 항상 더 높은 곳을 향하여 좀 더 힘차게, 좀 더 완벽하게 뛰어오르면서 조금씩 단계적으로 바를 계속 높여간다.

언제가 읽은 것인데 일본 무사들은 어려서부터 제자리 뛰기 훈련을 받았다고 한다. 아이들에게 대나무 순을 하나씩 심게 하고 매일 그것을 뛰어넘게 하는 것이다. 처음에 그 죽순은 발목 높이밖에 되지 않아 전혀 힘든 일이 아니었다.

그리고 죽순이 큰 대나무로 자라감에 따라 아이들은 계속 더 높이 뛰어오를 수 있게 되었다. 조금씩 매일 목표를 높임으로써 그것이 가능하게 된 것이다.

대나무가 한 마디씩 클 때마다 아이들도 매일 그것을 따라잡기 위해 더 높이 뛰어야 했다. 자기 기준을 지속적으로 높여가야 한다는 필요성 덕분에, 결국 키 큰 대나무조차 놀랍도록 쉽게 뛰어넘을 수 있게 된 것이다.

이 비유를 우리 삶에 적용할 수 있다. 매일 조금씩 더 하고, 조금씩 더 높이 뛰기를 계속하다 보면 결국 획기적인 향상을 이루게 되는 것이다.

MEMO

당신의 삶을 변화시키는 가장 빠른 방법 중의 하나는 자신의 기준을 높이는 것이다.

지구에서 그 누구보다 더 멋진 기회가 내게 주어진 것이라 생각하고 하루하루를 살아라. 왜냐하면 그것이 사실이기 때문이다.

하루하루가 당신의 삶을 영원히 변화시킬 수 있는 수많은 기회로 채워져 있다는 것을 인정하라. 그러므로 항상 최선을 다하라.

어떻게 목표를 달성하느냐에 집중하라

아주 가까운 친구나 동료, 또는 바로 옆에 있는 사람에게 한 번 물어보기 바란다. "평생을 통해 이루고 싶은 소원이 무엇인가요?" 혹은 "앞으로 90일 안에 이루고 싶은 목표가 무엇인가요?"

사람들이 분명히 대답할 것이 있을 만한 중대한 질문들이다. 그러나 장담하건데 실제로는 십중팔구 자신의 분명한 이정표를 말하는 대신 멍하니 당신을 처다볼 것이다. 왜 사람들이 그런 반응을 보이게 되는지 알아보자.

그들은 성취하고 싶은 것이 무엇인지 분명히 모른다. 오늘 무엇을 이루어낼 것인가, 이번 주에 무엇을 이루어낼 것인가, 또는 내 평생에 무엇을 이루어낼 것인가에 관해 분명한 생각이 없는 것이다.

나 역시 이 '목표 정하지 않기' 처방과 무관하지 않다. 나도 한동안 그랬다. 그것도 아주 기막히게 철저히! 그것이 통하기도 했다. 목표가 없으면 결과도 없다고? 결국 성취될 것도 아닌데, 뭣 하러 목표를 세우나?

정도의 차이는 있지만 이런 앉은뱅이 꽃 철학은 태어나서 스무 살이 될 때까지 대부분의 사람들에게 파고든다. 물론 그것은 당신 잘못이 아니다. 그러나 이제 그만 선을 긋기로 하자.

드디어 당신은 이 책을 통해, 세상에서 가장 영향력이 큰 컴퓨터를 재편성할 수 있는 기회를 맞이하게 되었다는 것을 깨닫기 바란다. 그 컴퓨터는 바로 당신의 마음이다.

주변에 있는 다른 사람들에 의해 입력되었던 과거의 프로그램은 말끔히 잊어버리자. 그 프로그램이 미숙하기 짝이 없던 철부지 시절의 당신을 그런대로 무사히 유지시켜 주었으니, 그 나름대로 분명히 당신을 도와줬다고 할 수 있다. 그러나 이제는 당신이 품고 있던 꿈을 실현시킬 강력한 프로그램으로 교체하기 바란다. 지금 당장 실천해 보자.

이렇게 생각하니 기분이 좋지 않은가? 적어도 당신 내부의 전파탐지기가 새로운 목적지를 감지하면서 몸 전체로 따뜻한 기운이 퍼져 나가는 것을 느꼈으리라고 믿고 싶다.

생각할 때나 결심을 할 때마다 우리를 억누르는 부정적이고 소극적인 사고방식의 틀을 벗어 던져 버리기만 하면, 우리는 원하는 목적지에 다다를 수 있게 된다. 이 장을 다 읽을 무렵, 당신이 일생일대의 가장 중요한 훈련을 마쳤기 바란다.

그 훈련이란 **인생의 청사진**을 그려내는 일이다. 그렇게 함으로써 당신은 지금까지 이루어왔던 것의 열 곱절을 성취할 수 있는 간단한 방법을 짧은 시간 안에 터득하게 될 것이다.

계획이 간단하다고 해서 결과도 그저 그럴 것이라는 오해는 하지 말기 바란다. 당신은 이 계획을 세우는 동안 삶을 초고속으로 변화시키는 힘을 발휘하게 될 것이다. 삶이 지향하는 목표에 대해 분명한 밑그림을 가지고 있다면, 그곳에 도착하는 것은 시간문제다.

그러나 조심하라. 당신 마음속에서 프로그램을 재편성하는 일이 마무리될 때까지는 의식 속으로 무기력한 목소리가 계속 거세게 파고들 것이다.

'그렇게 쉽게 될 일이 아니야. 그 전에도 꿈만 꾸었지 성취된 일은 없었잖아. 애쓸 필요 없어. 무엇을 해도 결국 쓰레기통에 들어가고 말건데, 뭘!'

내게도 매일 그런 소리가 들려온다. 그것이 정상이다. 그런 감정을 지니고 있고 싶어 하는 본능이 당장 사라지지는 않는다. 우리 마음속에 그런 본능이 작용하고 있다는 것을 부인하지 말자. 어쩌면 그런 감정은 결코 사라지지 않을 수도 있다.

그렇다고 바꿀 수 있는 것이 전혀 없는 것은 아니다. 그건 바로 당신의 반응이다. 나는 그럴 때 생각을 멈춘 채 깊이 숨을 쉰다. 그리고 그런 부정적인 생각은 틀린 생각이니 결단력과 직관으로 극복하자고 마음을 다잡는다.

이런 과정은 연습을 통해 쉽게 익힐 수 있고 누구나 할 수 있다. 목표를 성취할 수 있을지 없을지 걱정하지 말고, 어떤 방법으로 이루어야 할지 깊이 생각해보자. 그리고 능력에 따라 어떻게 새 전략을 짜야할지, 그리고 될 수 있는 대로 빨리 언제까지 할 수 있을지에 집중하기 바란다.

이제 다시 인생의 청사진에 관한 이야기로 돌아가자. 많은 사람들이 계획 속에 무엇을 포함시켜야 하는지 잘 몰라서, 계획을 세우는 것조차 아예 시작하지 못하기도 한다.

그럼 인생의 청사진에 어떤 내용이 들어가야 하는지부터 살펴보기로 하자. 인생의 청사진은 다음 두 부분으로 나뉘어져 있다.

단기 목표

이 장에서는 당신이 30일 안에 실행하고 싶은 일들을 모두 다뤄보기로 하자. 여기서 실행한다라는 말은 어떤 행동을 즉시 현실로 옮기는 것을 뜻한다.

예를 들어 당신이 지금까지 10년 동안 운동을 하지 않았다면, 훌륭한 몸매를 당장 갖춘다는 것이 현실적으로 불가능한 목표일 것이다. 그럴 경우에는, '트레이너를 정하고, 체육관에 등록하고, 하루 30분 동안, 매주 3회 운동을 한다'를 목표로 적도록 한다.

말하자면 제대로 되기만 하면 삶의 질을 높일 수 있다고 생각되는 중요한 과제들을 적어 해야 할 일 목록을 만드는 것이다. 특정한 책을 읽는 일, 섭생을 개선하는 일, 자신에게 중요한 사람에게 안부 전화를 하는 일 등, 어떤 것이라도 포함시킬 수 있다.

목표는 한 번 보기만 하면 할 일이 무엇인지 명확히 생각날 수 있게 몇 단어로 간단히 요약 하도록 한다. 그리고 3개월 내에 이루고 싶은 것들을 최소한 10개 정도는 적어보기 바란다. 그 중에서 75%만 성취해도 당신의 삶은 현저히 달라질 것이다.

목록에 적힌 것만 변하는 것이 아니다. 조약돌을 연못에 던졌을 때처럼 파문이 번지는 효과가 나타나, 당신 삶 전체가 놀라울 정도로 변하게 될 것이다. 사람들이 그것을 알아보고 칭찬할 것이며, 그렇게 되면 자신감이 더 생기게 된다. 자신감이 생기면 더욱 담대한 결정을 할 수 있게 되고, 더 확신에 찬 행동을 할 수 있다.

따라서 개선되어야 할 분야를 몇 개 선택해 목록에 적고, 즉시 행동에 착수하기 바란다. '머지않아서…'라거나, '다음 주'가 아니라, 생각이 떠오른 순간 즉시 실행하라는 말이다.

모든 일은 시작하기가 가장 힘들다. 시작이 반이다. 일단 시작하면 가속이 붙어 힘을 덜 들이고도 잘 돌아가게 되어 있다.

장기 목표

중요하기는 하지만 앞으로 90일 안에 당장 실현될 가능성이 적다고 생각되는, 큰 목표들을 적어보자.

내 경우, 삶에서 중대한 목표 중의 하나는 호주 국무총리가 되는 것이다. 그러나 그런 목표는 90일 안에 성취되지 않을 것이다. 하지만 그런 목표가 있다는 것 자체만으로도 내 내부에 있는 레이더가 작동해 그 목표에 접근하기 위한 기회들을 틈틈이 엿보게 된다.

이것은 사실상 상식적인 일이며 자연스러운 생리적 현상이기도 하다. 인간의 두뇌 속에는 R.A.S.*라고 부르는 아주 미세하지만 절대적으로 중요한 부위가 있다. 이 장치는 무의식적으로 중요하지 않은 것을 걸러내고, 중요한 것에게만 집중하도록 만들어준다.

하나의 예를 들어보자. 아기 엄마는 사람 목소리, 자동차 소리, 텔레비전 방송 같은 외부의 큰 잡음에는 별로 반응을 나타내지 않고 잘 잔다. 그러나 바로 옆방에서 아기가 소리를 내면, 아무리 그 소리가

---

* R.A.S (Reticular Activating System) : 망사체 활성화계. 사람의 뇌에서 학습, 자기통제, 동기부여 등을 관장하는 기관. 이 속에 주의력을 관장하는 도파민 및 노르에피네프린 등의 신경전달 물질이 있다. 이들 물질의 부족 또는 이상이 있을 경우, 주의력 결핍 장애ADHD가 유발되는 것으로 전문가들은 보고 있다.

작다 하더라도 즉각 반응을 보이게 된다.

어린아이가 없다면, 뭔가를 살까 말까 결정하려는 상황을 상상해 보기 바란다. 자동차를 사는 경우를 그 예로 들어보자.

어느 날 아침에 일어나 문득 흰색 BMW를 한 대 사야겠다고 마음 먹었다. 그런데 출근하면서 지나치는 승용차 세 대 중에 하나 꼴로 흰색 BMW만 보이는 것이 아닌가!

꼭 그런 것만은 아니겠지만, 그럴 수 있다는 얘기다. 그 이유가 무엇일까? 그것은 당신의 R.A.S.가 당신이 무엇을 찾고 있는지 알아채고, 그 목표를 이루는데 도움이 되는 것이 나타날 때마다 주목을 하도록 하기 때문이다.

목표 리스트를 작성했다고 해서 당장에 당신의 외부 환경을 바꾸게 할 수는 없다. 그러나 분명한 것은 그 리스트 덕분에 이제 무엇이 중요한지, 무엇이 좋은 기회인지 쉽게 알 수 있게 되었다는 점이다.

이렇게 한 번 해보기 바란다. 당신이 어떤 문제에 당면했다고 하자. 그 문제가 무엇인지 한 번 글로 적어보고 거기 집중한다. 그리고 바라는 결과를 성취하는데 도움이 된다고 생각하는 것들을 적어본다.

당신의 문제가 체중 감량이라면 도움이 되는 것들을 한 번 적어보자. 운동을 같이 할 친구, 건강식품점, 체육관, 조깅 트랙, 다이어트 정보, 운동화 등등 … 그리고 나서 어떤 일이 생기는지 보자. 내가 장담하지만, 신기하게도 이런 것들이 24시간 내에 당신의 삶 속에서 점점 현실로 나타나게 될 것이다.

어떻게 해서 그렇게 된 걸까? 그건 나도 잘 모르지만 그냥 그렇게 된다. 이 날까지 나는 전기가 어떻게 만들어져서 송전이 되고 충전이 되는지 정확히 모른다. 그러나 전등을 수시로 켜고 끄며 산다. 이와 마찬가지로, 모든 것들을 다 이해할 필요는 없다. 그저 잘 사용만 하면 되는 것이다.

목표 설정의 6단계

자, 이제 **인생의 청사진**에 무엇을 포함시켜야 하는지 알았다. 그런데 무엇을 목표로 삼아야 하는지가 아직 문제다. 그렇다고 걱정할 필요는 없다. 아직까지 목표를 세워본 적이 없다 하더라도 당장 해볼 수 있는 방법이 있다. 다음 일곱 단계를 밟기만 하면 되는 것이다.

1) 목표를 확인한다.

혼자 또는 배우자 등과 난상토론brain-storming을 통해 해 볼 수 있다. 너무 자신을 과소평가하지 말고, 다른 사람들도 당신을 과소평가하지 않도록 하라. 사람들은 실패가 두려워 자주 목표를 낮게 잡는 경향이 있기 때문에 하는 말이다.

2) 삶의 목표를 중요도와 성취 가능성 순으로 적어보기 바란다.

머릿속으로 생각만 하는 것보다는 실제로 손으로 써보는 것이 현실적이다. 우선순위를 매기는 것이 필요한 이유 역시 당신이 가장 중요하게 생각하는 목표와 관련이 있는 기회를 먼저 마음 속으로 계획하기 위해서이다.

나는 매일 아침 그날 할 일을 열 개 정도 우선순위대로 적어 놓는다. 그러다 보면 다른 일을 못했다 하더라도, 그것만 했다고 하면 그날은 성공적이었다고 볼 수 있는 중요한 일이 항상 있게 마련이다. 나는 그것을 먼저 한다.

하루가 끝날 때까지 리스트에 적혀있는 할 일 중에서 마지막 것까지 다 하지 못했다 하더라도, 걱정할 것이 없다. 리스트의 마지막에 적혀있는 일은 덜 중요하기 때문이다.

나는 가끔 6개월 전에 만들었던 할 일 리스트to-do list를 살펴보는 경우가 있는데 그 중에 어떤 일들은 아직도 완료 표시가 안 되어 있는 것들이 있다. 실제로 하지 않았기 때문이다. 그렇다고 해서 내 인생이 크게 달라진 것은 없다.

3) 목표마다 달성 시기를 표시한다.

얼마나 오랜 시일이 걸릴지 확실치 않은 경우에는 '황혼기' 라는 표현으로라도 달성 시기를 표시해 두기 바란다. 이렇게 하면 그것은 막연한 생각이 아닌 구체적인 프로젝트가 된다.

4) 목표에 따라, 성취를 위해 꼭 해야 할 행동을 적는다.

당신의 목표가 가게를 하나 여는 것이라고 하자.

이를 위해 당신이 취할 행동은, ① 사업 종류를 검토할 것 ② 그 분야에서 가장 성공한 사람을 방문할 것 ③ 재무 계획을 세울 것 ④ 그 분야에 필요한 경험을 쌓을 것 등등이 될 것이다.

이런 행동들을 우선순위별로 정리한다.

5) 진행 과정을 점검한다.

목표를 향해 일이 제대로 진전되고 있는지 점검하고 수정이나 보완을 하는 것은 당연한 일이다. 그러나 일의 순서나 내용에 너무 완벽을 기하려다가 출발을 못하게 되거나 제자리걸음을 하게 되어서는 안된다. 사실 나도 그렇게 생각했던 적이 있지만, 이 과정을 밟으면서 명심할 것은 성공하는 것이 완벽한 과학이 아니라는 점이다. 2단계 전에 1단계를 끝내고, 3단계 전에 2단계를 끝내야 한다는 것은 잘못된 생각이다.

경험을 통해, 가장 중요한 것은 어디서든지 우선 시작하고 봐야 한다는 것을 깨닫게 되었다. 이건 마치 누군가와 중요한 대화를 하는 문제와 비슷하다.

많은 사람들이 대화 주제를 어떻게 끌고 나가야 할지 고민하느라 망설이고 있을 때, 그냥 '저, 함께 얘기할 게 있는데요'라고 말문을 열게 되면 대화는 당면 문제를 향해 저절로 흘러가게 되어 있다.

6) 목표를 정기적으로 재검토한다.

이것은 장기적 실습 과제이다. 목표의 재검토가 필요한 이유는, 오늘 세운 목표가 열두 달 후에 가서도 여전히 전력을 기울일 목표로 남아있으리라는 보장이 없기 때문이다.

얽매이기도 전략이다

목표들을 적는 또 하나의 중요한 이유는, 그것을 다른 사람들에게 보여줄 수 있기 때문이다. 목표 목록을 적어 그냥 서랍에 넣어놓기만 하면 잊어버릴 확률이 높다. 그러나 복사해서 가까운 두 세 사람에게 나누어 주면, 목록은 그 자체의 생명력을 발휘하게 된다.

왜냐하면 그 목표 목록이 당신 자신을 실망시키기는 아주 쉬워도, 다른 사람들을 실망시키기는 힘들기 때문이다. 다시 말하면, 그 목표 목록을 자기 혼자만 가지고 있으면 목표 달성을 미루거나 그냥 무시해 버리기 쉽지만, 다른 사람들도 가지고 있게 된다면 다른 사람들을 실망시키기 싫어서라도 그 일들을 하게 될 것이기 때문이다.

우리는 너무나 자주 자기 자신을 배신한다. '목요일마다 저녁 7시에 체육관에 간다' 고 자신과 약속하고서는 마지막 순간에 가서 갑자기 포기하지 않는가. 그렇게 되기가 아주 쉽다.

그러나 같은 시간에 체육관에서 친구와 만나기로 약속을 해놓으면, 그 약속은 지킬 확률이 높다. 왜냐하면 친구를 배반하거나 실망시키기보다는 차라리 체육관에 가는 것이 더 쉽기 때문이다.

나는 이 얽매이기 전략이 새로운 습관을 강화하는데 아주 유용하다는 것을 체험했다. 자신 뿐만이 아니라, 배우자나 가까운 친구들에게도 얽매이게 되면, 목표 달성에 그만큼 추진력을 더하게 된다.

다른 사람들에게 알려주게 되면, 성실하게 자신을 지켜주는 가장 핵심적인 길잡이가 되어줄 것이다. 어떤 사람들은 자기가 정한 목표는 자기 스스로 성취해야 한다고 주장할지 모른다. 그건 진리다. 원칙적으로는 스스로 할 수 있어야 한다.

그러나 현실적으로는 대부분의 사람들이 그렇게 하지 못하고 있다. 우리는 오류를 범하기 쉽고 약점을 가지고 있기 때문에 도움을 받을수록 그만큼 갈 길을 제대로 갈 수 있게 된다. 가까운 사람들에게 자신의 목표를 알려 주는 것은 그만큼 도움을 더 받을 수 있게 해 줄 것이다.

당신이 내성적인 성격이어서 남에게 자신의 목표를 알리는 것이 기질에 맞지 않는다면, 오히려 이것을 애써 실천해 봄으로써 그렇지 않은 성격의 사람들보다 더 많은 효과를 볼 수도 있을 것이다.

이것은 내 경험에서 하는 말인데, 천성적으로 나는 수줍은 사람이고 업무관계를 떠나서는 혼자 있기를 즐기는 편이다. 사교 모임에 나가는 것도 꺼리는데, 가면 뭔가 거북하기 때문이다. 나는 모임에 가서 아는 사람이 하나도 없으면 본능적으로 빠져나오고 싶어진다. 낯선 사람들과 만나는 일이 익숙하지 않아서이다.

그럼에도 불구하고 나는 남들과 내 목표를 공유하는 습관을 길들여왔으며, 그렇게 함으로써 얻은 이익이 막대하다.

그렇다면 그렇게 하는 것을 망설이게 하는 심리를 어떻게 극복할 것인가? 유일한 방법은 과감하게 밀고 나가는 것이다. 어떤 당혹감이 엄습하더라도 이겨내야 한다.

그런데 실제로 당신을 당황스럽게 할 사태는 결코 벌어지지 않는다. 오히려 정반대로, 당신이 그 목표 목록을 남에게 보여주었을 때 상대방이 보이는 적극적인 태도에 당신이 놀라게 될 것이다. 상대방은 그렇게 하는 당신에게 이전보다 더 호감을 갖게 되며 도움을 주려고 할 것이다.

MEMO

자신의 목표를 알고 매일 검토하기 위해서는, 삶 속에서 꼭 이루어야겠다고 생각하고 있는 목표가 무엇인지 명확하게 가려낼 수 있는 힘을 강화해야 한다. 이루고자 하는 일이 무엇인지 분명하면 분명할수록 성공의 확률은 더 높아진다.

목표 달성의 완벽함에 대해 너무 걱정하지 말자.

가까운 미래에 여러 번 그것은 변할 것이다. 성공의 열쇠는 바로 오늘 시작함으로써 얻어진다. 그리고 방향과 명확성을 유지하는 것이 중요하다. 추진력이 생기게 되면 조절하는 것은 쉽다.

중요한 것부터 챙겨라

_ 당신의 경우 큰 돌멩이들은 무엇인가? 즉, 당신의 삶에서 가장 중요한 것들은 무엇인가? 직장에서 가장 중요한 당신의 역할은 무엇인가? 만약 당신에게 중요한 것이 무엇인지 확인하고 거기 합당한 주의를 기울인다면, 당신은 기대 이상으로 많은 것을 달성할 수 있게 될 것이다.

그로스 박사로부터 배운 또 하나의 중요한 교훈은 어떤 초등학교 여교사에 관한 이야기를 통해서이다.

그녀는 새로운 것을 가르치기 위해 대 여섯 살짜리 어린이들 앞에 섰다. 그리고 주목을 하라고 한 다음, 아이들에게 지금부터 배우려는 내용이 살아가면서 꼭 알아야 할 중요한 것이라고 말했다.

여선생은 의자 밑에서 주둥이가 큰 비커를 하나 꺼내어 의자 위에 올려놓았다. 비커는 높이가 약 30cm 정도였다. 그녀는 자기 주먹만한 크기의 돌멩이로 가득 찬 아이스크림 통을 그 비커 옆에 가져다 놓았다. 돌멩이를 10개 정도 비커 속에 채워넣고 나니 더 이상 들어가지 않고 의자 위로 굴러 떨어졌다. 더 이상 들어갈 공간이 없었던 것이다. 그때 여선생은 아이들을 쳐다보고 웃으면서 물었다.

"너희들은 비커가 가득 채워졌다고 생각하니?" 아이들은 더 이상 돌멩이가 들어갈 수 없다는 것을 알고는, 그렇다고 머리를 끄덕였다.

선생님은 다시 먼젓번 돌멩이보다 작은 자갈이 가득 들어있는 다른 아이스크림 통을 가져왔다. 그녀는 이 자갈이 넘쳐날 때까지 비커 속의 돌멩이 틈새로 부어넣었다.

이번에도 아이들에게 지난번과 똑같은 질문을 하자, 아이들은 이번에도 역시 비커가 분명히 가득 찼다고 고개를 끄덕였다.

선생님은 세 번째 아이스크림 통을 가져왔는데 이번 것은 모래로 가득 차 있었다. 그녀는 그 모래를 비커 속에 들어 있는 돌멩이와 자갈 틈새로 쏟아 부었다. 이쯤 되자 아이들은 그 비커의 용적이 그렇게 크다는 사실에 탄복했다.

그러나 "이제 이 비커가 가득 찼다고 생각하니?" 라는 세 번째 물음에는 어떻게 대답을 해야 할지 몰랐다. 그러자 선생님은 물이 가득 찬 병을 하나 가져와 비커 속으로 그 물을 쏟아 부었다. 그런 다음 아이들에게 웃으면서 보여 줄 것을 다 보여주었다고 말하며, 다시 물었다. "얘들아, 이 실험을 통해 너희는 무엇들 배웠니?" 잠시 침묵이 흘렀다. 그때 한 열성적인 남자아이가 손을 들고 자랑스럽게 말했다.

"선생님, 처음 생각한 것보다 더 많이 채울 수 있는 경우가 자주 있다는 것을 배웠어요." 그 대답에 선생님은 "로버트, 잘 대답했다. 그런데 또 하나 배울 것이 있단다. 그게 무엇이겠니?"라고 물었다.

아이들은 다시 골똘히 생각했다. 교실 뒤편에서 붉은 머리칼의 작은 여자아이가 손을 들고 말했다. "선생님, 제가 배운 것은요. 만약 큰 돌멩이들을 먼저 채워 넣지 않았다면 다른 것들은 집어넣지 못했을 거라는 거예요. 그러니까 제가 배운 것은 큰 돌멩이들을 먼저 집어넣는 거예요."

그러자 선생님은 아주 대견스럽다는 듯이 웃으며 말했다. "넌 정말 똑똑한 어린이구나. 바로 그게 내가 가르쳐주고 싶었던 거란다."

간단하지만 심오한 이 교훈을 당신의 삶에 적용했을 경우를 생각해 보기 바란다. 당신의 경우 큰 돌멩이들은 무엇인가? 즉, 당신의 삶에서 가장 중요한 것들은 무엇인가? 직장에서 가장 중요한 당신의 역할은 무엇인가? 만약 당신에게 중요한 것이 무엇인지 확인하고 거기 합당한 주의를 기울인다면, 당신은 기대 이상으로 많은 것을 달성할 수 있게 될 것이다.

하나의 예를 들어보겠다. 당신이 수첩을 보니, 앞으로 30일 동안 아무런 약속이나 해야 할 일 없이 비어있다고 하자. 이때 당신의 삶을 더 풍요롭게 하기 위해 할 수 있는 가장 중요한 것은 무엇일까?

나보고 제안을 하라면 사랑하는 가족들과 값진 시간을 보내는 것을 들 수 있겠다. 딸아이의 학교 음악회에 참석하고, 아들의 축구시합을 응원하고, 배우자와 함께 아주 낭만적인 저녁식사를 하며 시간을 보내는 것이다. 그리고 부모님에게 전화를 걸거나, 찾아뵐 것이다. 또 한 시간씩 매주 세 번 운동하는 것도 좋은 일이라고 생각한다.

이것들은 큰 돌멩이에 속하는 일이며 당신의 몸과 마음에 중요한 활동이다. 따라서 겉으로는 더 시급하게 보이지만 사실은 훨씬 덜 중요한 활동들을 위해 이 가장 중요한 일들을 뒤로 미루거나 옆으로 제쳐놓아서는 안 된다.

이런 중요한 일들은 일기장에 우선적으로 적어 넣어야 한다. 이런 일들을 처리하고 나면, 다른 일들은 조약돌이나 모래와 같이 무난히 정리될 것이다.

다음은 업무를 위해 취해야 할 중요한 조치들이 무엇인지 생각해 보기 바란다. 할 수 있는 일들이 수없이 많을 것이다. 그러나 만약 업무상 과제를 열 가지만 달성할 수 있다면 과연 무엇을 택할 것인가? 직원 교육? 중대한 설명회 준비? 업무성적 평가? 회사의 비전을 공유하기 위한 모임? 이 가운데 가장 많은 이익을 가져다 줄 열 가지 활동을 꼽으라면 무엇이겠는가?

이 열 가지가 결정되면, 지난번에 일기장에 적어 넣은 개인생활의 중요한 계획들과 함께 적어 넣기 바란다.

지금쯤 당신의 일기장은 상당히 채워져 있을 것이다. 수시로 생기게 마련인 다른 일들은 앞서 적은 중요한 일 사이사이에 적절히 배치하면 된다. 우선순위를 정하지 않고 업무와 사생활에서의 중요한 일들을 그때그때 필요할 때마다 시간을 내려고 하면, 비커에 모래와 물

부터 채워버리는 바람에 다른 큰 것들은 넣을 틈이 없게 되는 꼴이
되기 쉽다.

MEMO

당신의 삶에는 다른 일보다 우선적으로 처리해야 할 중요한 것들
이 있다. 비유해서 말하면 바로 당신의 큰 돌멩이들이다. 무엇이
당신의 큰 돌멩이인지 확인하여 관심과 노력을 집중하라.
다음 주에 해야 할 중요한 일들을 결정하고 계획할 때, 이 큰 돌멩
이들을 먼저 다루고 그 외에 하는 것들은 보너스로 생각하라.

지금 당장 체계를 세워라

내가 알기로는 삶에서의 성공은 대부분 똑똑하다거나 특출하게
개혁적이기 때문에 이루어지는 것이 아니라, 단순하고 분명하게 체
계화함으로써 이루어진다.

당신도 그렇게 되고 싶다면, 이 장에 요약한 대로 몇 가지 극히 단
순한 시스템을 구축하기 바란다. 그것을 언제 실천하는 것이 좋을
까? 물론 지금 당장 시작하는 것이 좋다.

시스템을 활용하라

맥도날드 햄버거 체인은 시스템이 얼마나 효율적일 수 있는가를 보여주는 좋은 본보기다. 맥도날드가 만드는 햄버거를 세계 최고라고 말할 수 있을지는 모르겠으나, 분명한 것은 맥도날드가 세계에서 가장 성공적인 햄버거 회사라는 점이다.

그 이유는 맥도날드 회사가 햄버거 제조를 위한 최상의 시스템을 창출했기 때문인데, 그 시스템이 품질의 일관성을 보장해 주고 있다. 햄버거는 다량으로 신속히 만들어져 각각의 품질이 거의 똑같다.

이렇게 일관성을 유지시키는 시스템을 갖춤으로써 맥도날드는 사업 성공의 비결 하나를 확보한 것이다. 즉 시스템을 통하여 고도의 품질과 서비스를 일관되게 유지하는 일이다.

우리는 맥도날드의 경험을 우리 생활에 응용할 수 있다. 이것은 어떤 일이 생길 때마다 새롭게 그 과정을 고안하는 것이 아니라, 평소에 일정한 시스템이나 관례를 수립해 놓는 것을 뜻한다. 시스템과 관례는 일상의 바퀴를 효율적으로 잘 돌아가게 하는 윤활유와도 같다.

내가 판매 촉진을 위한 정기 설명회에 갈 때에는 사전에 조사해야 하는 것과 현장에 가지고 가야 하는 것이 따로 있다. 그래서 나는 준비에 만전을 기하기 위하여 판촉 설명회 준비 점검표, 즉 체크리스트를 가지고 있다.

출장을 갈 때에도 마찬가지다. 출장 목적을 분류하여 각각의 목적에 맞게 간단한 체크리스트를 만들어 놓으면 어떤 목적의 출장을 가든지 그때마다 다시 체크리스트를 만들지 않더라도 모든 것을 챙겨서 떠날 수 있게 된다. 대부분의 경우, 체크리스트에 포함되는 것들은 컴퓨터, 배터리 코드, 명함, 일기장, 휴대폰 등등이다.

어떤 사람들은 이렇게 하는 것이 너무 획일적이고 부자연스러운 삶의 방법이라고 하겠지만, 나는 그렇지 않다고 본다. 이러한 방법이 삶을 체계적으로 살 수 있게 해주기 때문이다.

체크리스트는 필요한 것들을 일일이 기억해야 하는 부담을 덜어주기 때문에 실제적으로 당신의 마음을 자유롭게 해주며, 훨씬 더 많은 것을 생각하고 실행할 수 있도록 도와준다. 그러므로 판촉 설명회에 도착해 프레젠테이션을 훌륭히 하는 데만 전념하면 된다. 모든 것을 사전에 다 조사했고, 다 준비해 왔기 때문이다.

반대로 체크리스트가 없으면 시작할 때부터 '이런, 내가 주문서 양식을 가져왔던가?' 하는 따위의 생각에 말려들게 된다. 그렇게 되면, 프레젠테이션을 편안한 마음으로 할 수 없으며 집중도 잘 되지 않는다.

우리는 일상생활에서 모든 것을 시스템화 할 수 있다. 자동차 키를 찾는 일처럼 간단한 것부터 생각해 보자. 얼마나 많은 사람들이 자동차 키를 찾지 못해 자주 허둥대는가?

나도 물론 그랬다. 집에 오면 소파 위에 던져놓거나 식당 어딘가에 놓아두고서는 다시 찾느라고 시간을 허비하곤 했다. 그러나 이제는 미리 정해놓은 옷장 서랍 같은 장소에 늘 습관적으로 보관한다.

채소가게에서 쇼핑을 하는 것도 우리 모두에게 익숙한 하나의 좋은 예다. 쇼핑은 정말 시간을 잡아먹는 일이다. 차를 몰고 가게에 가서, 무엇을 살까 기웃거리고, 그리고 계산을 하기 위해 줄을 서서 기다린다. 그런 일이 내게는 시간낭비로만 여겨졌다.

그래서 나는 일주일 동안 필요한 야채와 과일의 명단과 수량을 조사해 본 다음, greengrocer. com. au라는 인터넷 사이트를 통해 주간 정기배달 주문을 냈다. 이 시스템을 통해 나는 어림잡아 매주 한 시간 정도는 절약을 한 셈이다. 주문을 좀 다르게 하고 싶을 때는 인터넷을 통해 간단히 바꾸면 된다.

다른 분야에도 이 시스템을 활용해 봤다. 나는 패션에 관해서는 아는 것이 별로 없어서 어떤 양복에 어떤 셔츠가 어울리고 어떤 셔츠에 어떤 넥타이가 어울리는지 잘 모른다. 그렇지만 고객을 상대할 때 옷차림이 중요하다는 것쯤은 안다.

그래서 이 문제를 이렇게 해결해 보았다. 내가 가지고 있는 옷들을 모조리 꺼내어 늘어놓고 패션 컨설턴트를 부른 것이다. 그리고 그녀에게 어떻게 짝을 맞춰야 하는지 결정해 달라고 했다. 그러고 나서 사진사를 오라고 한 후, 갖가지 형태의 모든 콤비네이션을 찍어 달라고 하여 그 사진들을 옷장 옆에 핀으로 꽂아놓았다. 매일 아침 무얼 입을까 고민하느라 5분씩이나 낭비하고 그러고 나서도 결과적으로는 제대로 입고 나서지 못하는 실수를 피하고 싶었던 것이다.

이제는 붙여놓은 사진을 봄으로써 옷 챙겨입는 문제를 즉시 해결한다. 어떤 사람들은 내가 시스템을 너무 밝히는 것이 아니냐고 생각할 수도 있겠지만, 나로서는 그렇게 하는 것이 효율적이며 시간을 절약할 수 있어서 좋다.

나는 저녁마다 다음 날을 위해 준비하는 것에 많은 비중을 둔다. 그렇기 때문에 아침에 입을 옷과, 할 일들의 목록이 준비되어 있어야 한다. 그렇게 해야 사무실에 들어서자마자 머뭇거리지 않고 일을 시작할 수 있다. 심지어 저녁마다 집에 도착해 주차를 할 때마다 정면 주차를 해놓는다. 그래야만 다음 날 아침에 차를 빼느라 이리저리 회전을 하지 않고도 단박에 빠져나갈 수 있다. 이런 것은 사소한 일일 수도 있지만, 올바른 태도를 가지는데 도움이 된다.

누가 자동차 키를 찾느라고 매일 2분씩 두리번거리고 싶겠는가? 누가 과일과 채소를 사기 위해 시간을 낭비하고 싶겠는가? 당신은 생활을 체계화함으로써 시간낭비를 피할 수 있다. 절약한 시간은 더 좋은 일에 사용할 수 있게 될 것이다.

과감히 자르고 걸러내라

어떤 사람들은 1주일에 15시간 일하고 나머지 46시간은 사무실에서 빈둥거리기만 한다. 이런 사람들은 대개 자신이 낭비를 하고 있다는 사실을 모르고 있다. 오히려 그들은 회사에서 60시간을 보내는 것에 대하여 당당함을 느낀다. 그리고 자신이 긴 시간 근무하기 대회 세계 챔피언이라도 되는 것처럼 생각한다. 사실은 생산성의 세계 챔피언이 되어야 할 텐데 말이다.

내가 말하고자 하는 것은, 시간을 어떻게 사용할 것인지 의식하고 있는 것이 중요하다는 점이다. 이런 의식을 갖기 위해서는 자기성찰이 필요하다.

이 책을 읽으면서도 이 문제를 생각해 보지 못했다면, 잠시 멈추고 스스로에게 물어보기 바란다. 나는 과연 생산적인가? 아니면 사무실에서 시간만 보내고 있는 것인가?

그런가 하면, 어떤 사람들은 사무실에서 보내는 시간이 대체로 비생산적이라는 것을 느끼고 있으면서도 어떻게 해야 할지 모르고 있다. 이런 사람들은 매일 출근해 여덟 시간 내지 열 시간을 보내고 나서도, 실제로 성취한 일이 별로 없다고 느끼며 퇴근한다.

만약 당신의 경우가 그렇다면 자신이 시간을 어떻게 보내고 있는지 자세히 검토해 보기 바란다. 가장 좋은 방법은 하루 일과를 15분씩 등분하여 15분마다 당신이 무엇을 했는지 간단히 적어보는 것이다. 며칠 동안 이렇게 기록하고 그 기록한 내용을 한 번 살펴보자.

하지 않는 것이 하는 것보다 더 낫다고 느껴지는 필요없는 일을 한 것은 아닌지 분석해 보기 바란다. 만약 당신이 그동안 업무에 대하여 성취감을 느끼지 못했다면, 바로 이러한 부류의 일 때문에 시간을 허비했을 확률이 높다.

그런 것들을 확인했으면, 앞으로는 어떻게 그런 일들을 피할 수 있는지 궁리를 해보기 바란다. 그런 일 중에서 대부분의 것들은 과감히 '아니오!' 라고 거절하는 용기를 키움으로써 피할 수 있을 것이다. 상대는 잡담으로 당신의 시간을 빼앗는 동료일 수도 있고, 하루에 다섯 번씩이나 전화를 거는 친구일 수도 있을 것이다.

거절을 못한다는 것은 많은 사람들이 시간을 낭비하는 중요한 이유 중의 하나다. 그리고 일에 방해가 될 것임을 뻔히 알면서도 전화를 받는 것은 일의 생산성에 좋지 않은 영향을 끼친다.

그래서 나는 아예 걸려오는 전화는 즉시 받지 않는다. 오는 대로 전화를 받지 않고 발신번호만 기록이 될 수 있게 해놓고는 시간이 났을 때 한꺼번에 응답을 하는 것이다. 그렇게 하지 않고 5분마다 한 번 꼴로 걸려오는 전화를 그때마다 받는다면, 당신의 업무 성과는 대폭 줄어들 수밖에 없다.

'아니오' 라고 거절할 수 있는 능력은 사실상 아주 위력적이다. '아니오' 라고 거절할 수 있음으로써 당신은 삶의 주체가 되는 것이다. 그렇게 함으로써, 가치가 있는 일들을 할 수 있는 시간을 당신은 확보할 수 있게 된다.

내가 최근에 누군가에게 이런 식의 시간 관리 방법을 권고했을 때 그 사람은 "나는 그렇게 할 수 없겠는데요. 약속이 너무 많거든요." 라고 응답했다.

그래서 나는 말했다. "약속이 하나도 없다고 잠깐 동안 가정해 보세요. 마음속으로 약속들을 모두 지워버리세요. 그리고 눈앞에 깨끗이 비워져 있는 일기장이 있다고 상상하세요. 자, 그러면 다음 주 중에 할 업무 중에서 가장 중요한 여섯 개가 무엇인가요?"

이에 대해 그는 여섯 개의 일들을 늘어놓았다. 나는 그에게 종이 한 장에 여섯 칸을 긋고 그 중요한 일들을 한 칸에 하나씩 적어 넣으라고 했다. 그런 다음 이것을 실제로 가지고 있는 일기장과 비교해 보라고 했다. 그리고 이미 적혀있는 약속들 중에서 덜 중요한 것들을 삭제하는 한이 있더라도, 아까 적은 여섯 가지 중요한 일들을 채워 넣으라고 했다.

그러자 그는 그 중에서 몇 가지는 그냥 취소해 버릴 수 있었고, 또 다른 몇 가지는 다른 사람들에게 위임시켜 버릴 수 있었다.

남에게 위임하라

시간에 관한 문제를 해소하는 또 하나의 방법은 위임을 하는 것이다. 당신은 어떤 일을 남보다 더 잘 한다고 생각하며, 때때로 당신이 직접 하고 있을 것이다. 당신이 더 잘 할 수 있다는 것은 사실일 수 있다. 그러나 대부분의 경우 그것은 별로 중요한 것이 아니다.

만약 당신이 직접 했더라면 그 성과의 만족도가 95%가 됐을 일을 남에게 위임하여 만족도가 80%라면, 그것만으로도 충분할 수가 있다. 실제로 남에게 일을 위임하지 않으면, 사업이 성장할 수 없고 생활에 중요한 일을 할 시간을 확보하기 어렵다.

위임은 그 자체가 하나의 기술이다. 자신이 직접 할 시간이 없을 때 그 일을 누군가에게 해달라고 요청하는 것만으로 끝나는 단순한 문제가 아니다. 자신이 바라는 결과를 남에게 설명하고 제대로 알려줄 수 있어야 한다. 일을 남에게 위임할 필요가 있는 위치가 되면, 우선 위임에 숙달된 사람들과의 대화를 통해 위임에 대한 기본 지식을 배우기 바란다.

나 자신도 아직 위임의 기술이 100% 능숙하다고 말할 수는 없지만, 예전보다는 훨씬 나아졌다. 처음에는 위임하는 실력이 형편없었다. 내가 바라는 것을 명확하게 설명하는데 충분히 시간을 사용하지 않은 것이 중대한 잘못이었다. 필요한 것이 무엇인지 구체적으로 설명하지 않고 그냥 간단히 '거기 가서 이걸 알아서 좀 잘 해 봐요' 하는 식으로만 말했던 것이다.

그 결과, 위임을 받은 사람이 번번이 자기 방식대로 생각하여 일을 처리함으로 일어나는 실망과 갈등뿐이었다. 이제는 나는 위임하는 일에 관해 좀 더 자세히 설명하기 위해 충분히 시간을 가진다.

위임에 있어서 사람들이 저지르기 쉬운 또 하나의 큰 잘못은, 충분히 위임을 하지 않는 것이다. 즉 위임에 인색한 것이다. 그렇게 되면 정작 당신만이 할 수 있는 일을 해야 할 시간을 놓치게 된다. 다르게 말하면 남에게 위임해도 되는 일을 하느라고, 위임해서는 안 되는 즉 당신 밖에는 할 수 없는 일들을 못하게 되는 것이다.

규칙적인 생활이 중요하다

규칙적인 생활은 시간 관리에 아주 중요한 수단이다. 그것은 주어진 시간 내의 성과를 극대화 시켜준다. 그래서 나는 규칙적인 생활을 하려고 노력한다. 매일 같은 시간에 일어나고, 같은 시간에 운동하며, 같은 시간에 사무실에 도착하고, 업무회의도 같은 시간에 하고, 심지어 이메일도 같은 시간에 보낸다. 어떤 사람들은 이러한 생활규칙이 삶을 억압하고 위축시킨다고 생각할 수도 있다.

그러나 실제로는 그와 반대다. 오히려 많은 자유를 가져다준다. 나는 주로 정오까지는 꼭 해야 할 중요한 일들을 모두 처리하고, 그 이후부터는 자유롭게 마음 내키는 일들을 한다. 그래서 오후에는 바닷가에 가거나 책을 읽을 수도 있다.

내 생활규칙에 따라 오전에 모든 필수적인 일들을 숙달된 방법으로 끝내 놓았으므로, 어떤 긴급한 상황이 발생하더라도 걱정이 없다. 대부분의 경우 이미 중요한 일들은 처리해 놓은 상태이기 때문이다.

새로운 기술을 활용하라

과학기술의 발전은 불과 몇 년 만에 놀라운 변화를 불러왔다. 내가 초등학교에 다니던 1970년대 초에는 유일한 통신 방법이 타자기로 편지를 찍은 후에 접어서 봉투에 넣고 우편으로 보낸 다음, 일주일 내에 회신이 오기를 고대하는 것이었다.

1980년 초에 내가 일을 시작할 때는 워드프로세서가 나와서 적어도 편지 작성만큼은 빨리할 수 있게 되었다. 그러나 팩스는 그때까지도 귀한 상태여서, 내가 다니던 부동산 회사에도 팩스가 없었다.

그 후, 팩스가 대중화되자 더욱 빨리 편지를 보낼 수 있게 되었다. 그리고 드디어 이메일 시대가 왔다. 팩스와는 비교가 되지 않을 만큼 빨리 편지를 보낼 수 있게 된 것이다. 20여 년에 걸친 과학 기술의 발전은 고객에게 편지를 보내고 답장을 받는 시간을, 일주일 이상의 기간에서 단 몇 분으로 단축시켜 주었다.

이 밖에도 기술 발전으로 인해 세상이 얼마나 빨리 변하고 있는지를 보여주는 사례가 얼마든지 많다. 시간 관리 측면에서 볼 때 이러한 현상은 어떤 의미가 있을까?

어떤 사람들은 새로운 기술을 제대로 익히지 못할까봐 두려워한다. 인터넷, 이메일, 데이터베이스 등, 용어만 들어도 기가 죽는다. 그러나 두려워하며 물러설 일이 아니라 과감히 앞으로 헤치고 나가야 한다. 그리고 새로운 기술을 멋진 기회로 삼아야 할 것이다. 새 기술은 사회적, 지적, 경제적으로 우리에게 환상적인 새로운 세계를 펼쳐주고 있기 때문이다.

하루를 최대한 활용하라

사람들마다 업무 능률이 최상인 시간이 각기 다르다. 오후 또는 저녁에 최고조에 달하는 사람들도 있다. 그러나 내 생각으로는 대부분의 사람들에게 아침이 최고의 시간이다. 나도 그렇다. 아침에는 에너지가 충만하고 집중력도 높다.

그리고 오전 9시경부터 사무실 전체가 움직이게 되면 주의가 점점 산만해진다. 그래서 나에게는 아침 7시부터 9시까지가 가장 생산적인 시간이라고 할 수 있다. 이때 일들을 집중적으로 처리하는데, 다른 시간대에 네 시간 걸려 할 일을 두 시간이면 할 수 있다.

우리는 대부분 하루 중 자기가 일하기에 가장 좋은 시간이 언제인지 알고 있으므로 가장 중요한 일들을 그때 처리하는 게 좋다. 만약 당신에게 아침이 가장 좋은 시간이라면, 응답하는 전화는 모두 오후에 걸도록 하면 될 것이다. 영업 전략의 수립이나 고객들과의 상담에 비하면, 걸려온 전화에 대한 응답은 대체로 집중을 요구하지 않기 때문이다.

아침 일찍부터 업무를 시작하는 것이 맞지 않는 사람들도 많다. 집안일을 해야 하는 경우도 있다. 어떤 이들은 오후나 저녁에 일하는 것이 더 낫다고 말한다. 당신의 경우가 그렇다면 그 시간에 집중적으로 일하는 것이 좋을 것이다.

그러나 만약 당신이 '난 아침에는 전혀 일을 할 수가 없어!' 라고 말하는 사람 중의 하나라면, 자기 자신에게 정말 솔직한지 따져볼 필요가 있다. 사실은 단순히 잠자리에서 일어나기가 싫어서인지도 모르기 때문이다.

몇 시에 일을 시작해야 하고, 도대체 하루에 몇 시간 동안 일을 해야 하는 걸까? 이것은 아무리 따져 봐도 정답이 나오지 않는 질문이다. 나는 현대와 같이 경쟁이 심한 사업 환경에서는 아침 아홉 시부터 오후 다섯 시까지만 일해서는 앞서 나가기가 힘들다고 생각한다. 그렇게 일해서는 근근이 생활이나 꾸려나가게 될 것이다. 그보다는 좀 더 오래 일해야, 보다 성공할 가능성이 열린다.

나는 아침 7시부터 저녁 7시까지 하루에 12시간 일한다. 그러나 누구나 그렇게 해야 한다는 말은 아니다. 이것은 개인적인 선택의 문제다. 그래도 나는 한 마일 더 가보라고, 즉 지금보다 조금 더 열심히 일을 해보라고 권하고 싶다.

다시 강조하는데, 자신이 하는 일에 대하여 열성과 열정을 갖기 바란다. 나는 그렇게 한다. 아침마다 기대감으로 가득 찬 마음으로 사무실에 들어선다. 나에게 일은 재미 그 자체다.

아는 분이 언젠가 매주 60시간이 넘게 일하는 것은 미친 짓이라고 내게 말했다. 나는 그에게 하루에 몇 시간 동안 일을 하느냐고 물었다. 그는 '9시부터 5시까지'라고 대답했다. 나는 다시 자기가 하는 일을 좋아하느냐고 물었다. 그는 아니라고 했다. 일하는 것이 지겹다는 것이다.

그래서 나는 말해 주었다. '미친 사람은 바로 당신이요. 하루에 8시간 일하면서도 일이 지겹다고 하는데, 나는 하루에 12시간 동안 일하지만 일하는 것이 즐겁기만 합니다. 이건 미친 짓이 아니지요.'

부서 책임자일 경우 아침 일찍 출근하는 것이 당연하겠지만, 일반 고용직일 때는 전혀 다르다고 주장하는 사람도 있다. 그러면서 말한다. '나도 책임자가 되면 그때부터는 아침에 일찍 나올 거야. 그렇게 될 때까지는 내 근무시간은 9시부터 5시까지야.' 그들은 좀 더 노력하면 그만큼 더 빨리 진급한다는 사실을 알지 못한다.

우리 회사에서는 대부분의 직원들이 나와 똑같은 시간만큼 일한다. 많은 시간을 투입하여 더 많이 일하면, 그만큼 더 벌게 마련인 성과급 판매사원들만 그러는 것이 아니다. 9시부터 5시까지 정해진 근무시간을 기준으로 봉급을 받는 고정급 직원들도 마찬가지다.

이들이 회사에서 시간을 오래 보내는 것은 자기가 하는 일을 즐기기 때문이다. 그들은 앞서가고 싶어한다. 그리고 좀 더 일한다는 것이 무엇을 의미하는지 잘 알고 있다.

자기가 하는 일을 즐길 수 있다면, 억지로 떠밀려 일하거나 재촉을 받을 필요가 없다. 반대로, 아침에 일찍 출근하기는 커녕 겨우 시간에 맞춰 출근하는 것조차 힘들다면, 그것은 자신이 하는 일에 대한 열의가 없기 때문이다.

그렇다면 이 문제를 해결하는 방법은 무엇일까? 한 가지 방법은 자기가 즐길 수 있는 다른 일자리로 옮기는 것이다. 그러나 그것은 대부분의 경우 말하기는 쉬워도 실천하기는 힘들다.

또 다른 방법은 현재 하고 있는 일을 즐기는 법을 배우는 것이다. 어떻게 하면 그렇게 될까? 쉬운 일이다. 일에 대한 태도를 바꾸면 된다. 현재의 일을 신나고 재미있게 만드는 방법을 찾으면 되는 것이다.

학교를 나온 후 나는 용돈을 벌기 위해 우편함에 광고 책자 같은 것을 집어넣는 일을 한 적이 있다. 대부분의 사람들은 이 일을 싫어하기 때문에 대낮에 지겨워하며 마지못해 돌아다닌다.

그런데 나는 그 일에 재미를 붙이는 방법을 생각해 냈다. 귀에 이어폰을 꽂고 음악을 들으며 광고지들을 배낭에 메고 돌아다닌 것이다. 나는 이 일을 공기가 상쾌하고 해가 덜 솟아오른 이른 아침에 했다. 그리고 길에서 마주치는 사람들과 인사를 하며 걸었다. 그 일을 즐거운 일로 만들었던 것이다.

자기가 즐기는 일을 함으로써 성공하기는 쉽다. 그러나 전혀 열정을 못 느끼는 일을 하면서 성공하기란 극히 힘들다.

일주일을 이상적으로 보내는 방법

주간 일정표를 제대로 작성하여 생활하지 않으면 사소한 부탁이나 오락 활동, 그리고 일상적인 잡무들로 한 주가 다 채워질 것이다. 내가 권하고 싶은 것은 일주일 동안 해야 할, 제대로만 하면 당신의 삶에 중대한 영향을 미칠 일 목록을 작성해 보는 것이다.

예를 들면 운동 계획, 아이들과 함께 보낼 시간, 중요한 업무회의, 삶을 바꿀만한 책 읽기, 사업계획서 만들기 등이다. 당신이 생각해 낸 획기적인 새 아이디어를 당신의 상관과 토의하는 시간도 있을 것이며, 새로운 사업관계를 맺을 가능성이 있는 사람에게 전화를 거는 일도 있을 수 있다. 무엇이든지 중요하다 싶은 것들을 목록에 포함시키도록 한다.

그러고 나서 각 활동에 적합한 날짜와 시간을 선택한다. 그리고 그 활동이나 대상 인물들과 각각 속으로 약속을 맺는다. 일과 약속을 맺는다는 말이 좀 우스울지 모르지만 그렇게 하는 것이 필요하다.

많은 사람들이 매일 사람들을 상대로 업무상 약속을 한다. 그러나 하루나 한 주가 끝날 때 보면, 중요한 과제들을 마무리 하지 못한 채 그대로 두고 있는 경우가 많다.

정기적으로 처리해야 할 중요한 일들이 있으면, 일정한 원칙 아래 이 일들을 정례화하기 바란다. 나는 업무 수첩에 일정을 정할 때 다음의 원칙들을 적용한다.

* 오전 중에는 다른 사람들과 약속을 하지 않는다. 오전 7시부터 12시까지 다섯 시간 동안, 방해받지 않고 중요한 일들을 집중적으로 처리하기 위해서이다.

* 약속을 정할 때 시간이 서로 잇대어 있게 한다. 그렇게 하면 외부에 나갔다가 사무실로 빈번하게 돌아와야 할 필요가 없다.

* 마찬가지로, 전화를 걸거나 이메일 응답을 하는 일들을 일괄적으로 정해진 시간에 처리한다. 보통 나는 이런 일들을 근무를 시작하면서, 점심 후, 그리고 퇴근 전에 처리한다.

우편물들은 매주 한 번씩만 살펴본다. 그렇게 하면 매일 우편물 때문에 다른 일들이 방해받지 않아도 된다. 우편물이 도착하면 즉시 담당 직원이 검토해 시급한 것이 있는지 확인하여 이에 맞는 조치를 하도록 한다.

* 매주 수요일과 금요일은 다른 사람과 약속이 없도록 자유롭게 남겨 놓는다. 이렇게 함으로써 두 가지 일이 가능해진다.

첫째, 약속이 있는 날(월, 화, 목요일) 일어난 일에 대한 후속 처리를 할 수 있다. 둘째, 일에 파묻히지 않고 하고 싶은 일들을 능동적으로 할 수 있다.

이처럼 다른 사람과의 약속이 없는 날 할 일들에 관한 폴더가 따로 책상 위에 항상 있다. 그래서 이 자유로운 날 하고 싶은 일이 생기게 되면, 잊어버리기 전에 즉시 이 폴더에 포함시킨다.

* 나는 보통 때 직원들을 위해 사장실 문을 열어놓는다. 그러나 꼭 필요한 경우에만 들어오도록 훈련을 시켰다. 필요한 경우란, 내가 오래 생각을 하지 않고도 즉시 대답할 수 있는 질문들이 있을 경우이다. 하루에 보통 50번 이상 그런 질문을 직원들이 하는데, 대개 한 건당 1분 안에 처리한다.

삶을 단순화하라

비유가 아니라 직설적으로 얘기하려고 한다. 인생은 잡동사니 보따리가 없더라도 복잡하기 짝이 없다. 무엇이 당신에게 중요한지 주의 깊게 살펴보기 바란다. 누가 당신에게 중요한 사람이며, 어떤 일이 당신이 좋아하는 일인지 생각해 보라. 그런 후에 나머지 것들을 냉정하게 검토해보고 선별해서 중요하지 않은 것들은 과감히 걸러버리거나 줄이기 바란다.

어디를 보든지 선택의 여지가 너무 많기 때문에 사람들은 종종 모든 것을 다 하려고 한다. 그러다가 수많은 선택의 갈림길 앞에서 부담을 느끼게 되며, 혼란에 빠지거나 불안해한다.

예를 들어 보자. 투자의 기회 또한 얼마나 많은가? 수백만 가지는 안 되겠지만, 수 천 가지는 될 것이다. 주식이나 부동산 투자, 펀드 가입, 타조 농장 매입 등, 끝이 없다. 수많은 사람들이 다양한 '부자 되기' 계획을 선전하며 다닌다. 자칫하면 지뢰밭과 다름없는 위험한 세상이다.

나의 투자 철학은 단순하다.

첫째, 다른 사람들과 공동투자 하지 않는다. 그렇기 때문에 투자로 인해 친구나 동료와의 갈등이 생길 여지가 전혀 없다. 마음에 들면 그대로 가지고 있고, 마음에 들지 않으면 내가 적절한 시기를 선택해 처리해 버리면 된다.

둘째, 나는 세 가지에만 투자한다. 부동산, 주식 그리고 회사다. 따라서 누가 나더러 돈을 빨리 버는 절호의 기회가 있다고 해도 나는 전혀 신경을 쓰지 않는다. 그렇게 세 곳에만 집중하는 투자 전략 때문에, 좋은 기회를 놓쳐버린 적은 없었느냐고 묻곤 하는데, 물론 그랬을 것이다. 그러나 이것저것 여러 기회들을 넘보는데 시간을 낭비하다 보면, 주요 관심사들은 그만큼 방해를 받게 된다.

친구라든가 사교활동과 같은 좀 더 개인적인 이야기를 해보자. 내게는 가까운 친구들이 열두 명 쯤 있다. 나는 그들을 사랑하고 극진히 위한다. 친구들 덕분에 내 삶은 그만큼 풍요롭다.

그러나 나는 매주 6일 동안은 나날이 성장하고 있는 회사를 돌봐야 하고, 건강과 몸매를 위해서도 매일 시간을 투입해야 하고, 가족과도 시간을 보내야 하고 그러면서도 혼자 쉬는 시간이 있어야 한다.

그리고 이렇게 모든 일과를 보내고 나서, 잠을 자야할 7~8시간은 남겨둬야 한다. 이런 상황에서 친구들과 알뜰한 관계를 유지하기 위해서는 그 숫자가 열두 명 정도가 넘으면 곤란하다.

그런데 나와는 대조적으로 아주 사교적인 친구가 하나 있다. 그녀는 친구들을 비롯해, 사귀는 사람들의 명단이 끝도 없다. 아마도 아는 사람들의 명단을 다 입력하려면 컴퓨터 메모리를 추가로 구입해야 할 것이다. 그렇게 수많은 사람들과 접촉을 유지하기 위해 매일 안간힘을 쓰다보면, 주말쯤에는 녹초가 되고 만다.

그녀의 의도는 전적으로 존경할 만하며 훌륭하지만, 과연 알고 지내는 한 사람 한 사람에게 충실하게 시간을 할애할 수 있는지 궁금해진다. 그 많은 사람들을 즐겁게 해주려고 애쓰다 보면, 자기 자신을 위한 시간은 그만큼 희생될 수밖에 없을 것이다.

위의 이야기를 통해 제시하고자 하는 교훈은, 사교활동을 위해 얼마나 시간을 보내야 할지 해야할 모든 일들을 고려해 현실적으로 따져봐야 한다는 점이다. 당신이 가장 친구가 많은 사람이라는 말을 듣는 것보다, 진심으로 가까운 소수의 친구들과 알뜰한 시간을 보낼 줄 아는 사람이 되기 바란다.

30일 안에 삶을 바꿀 수 있다

나는 생활을 30일 계획표 안에 짜 넣는다. 거기에는 새로 해야 할 일들, 해오던 일이지만 더 잘해야 할 일들, 그리고 다음 30일 동안에도 계속해야 할 일들이 적혀있다.

왜 하필 30일인가? 30일이라는 기간은 일 년 중 상당한 부분을 차지하지만, 끝이 아득할 정도로 긴 기간은 아니다. 즉 관리가 용이한 기간인 것이다.

앞에서 살핀 바와 같이, 많은 사람들이 오랫동안 기다리기만 하면 운세가 바뀌고 굉장한 일이 생기리라는 생각을 품고 있다. 그러나 극소수의 경우를 빼고는 스스로 노력하지 않으면 결코 좋은 일이 생기지 않는다.

계획표는 계획한 것을 성취하기 위한, 간단하지만 아주 효율적인 장치로 30일 동안의 삶에 대한 지침서 역할을 해준다. 당신이 하루하루 무엇에 집중을 해야 하는지 알려주고 있는 것이다. 그리고 당신을 얽매이게 하고, 성공의 정도를 측정할 수 있게 해준다.

그뿐만이 아니다. 당신 뜻대로 잘 되지 않는 것들이 무엇인지 확인시켜 준다. 이 계획표가 없으면 당신은 어슬렁거리기만 하고 실력 발휘를 제대로 하지 못하게 된다. 계획표를 사용하면 일을 성취하지 않을 수가 없다.

또한, 계획표를 당신의 행동을 교정하는데 사용할 수 있다. 예를 들어 당신이 지나치게 비판적인 성격을 가지고 있다고 하자. 그런 경우 남을 비판하지 않도록 일기장 한켠에 적어 보라. 그렇게 수첩에 적어두면 나쁜 버릇이 훨씬 개선될 것이다.

내 계획표는 30개의 칸으로 되어 있는 스프레드시트인데 거기에

다 나는 목표들을 채워 넣는다. 스프레드시트가 없으면 그냥 A4용지라도 좋다. 삶 속에서 목표 달성을 위해 할 일들을 그렇게 적어놓고, 나는 매일 점검한다.

예를 들어 '운동 30분' 이라고 적혀있을 경우, 실제로 30분 동안 운동을 했으면 그 항목에 체크를 한다. 만약 운동을 하지 못했으면 아무 표시도 하지 않은 채 놓아둔다. 이런 식으로 일주일을 지내다 보면, 예를 들어 다섯 번 운동할 것을 계획해 놓고 겨우 두 번만 한 것이 금방 드러나게 된다. 그 스프레드시트를 한 번 훑어만 봐도 내가 생활을 제대로 하고 있는지 아닌지 알 수 있는 것이다.

주의할 것은 계획표에 적는 것은 당신의 최종 목표가 아니라, 목표를 달성하기 위해 실천해야 할 행동들이라는 점이다. 예를 들어 당신의 목표가 체중을 5kg 줄이는 것이라고 하자. 그 경우에 계획표에는 '20분 걷기' 라든가 '아침엔 채식' 이라고 적어야 할 것이다.

목표는 당신이 향해서 가고자 하는 곳의 큰 이정표이다. 그러나 계획표에 적어야 할 것은 그 이정표에 다다르기 위해 매일매일 취할 행동들이다. 이렇게 하는 목적은 무엇인가? 당신의 생활을 점검하고 조정하기에 알맞은 작은 부분들로 나누는 것이다.

이것은 단순한 전략이지만 효과적이다. 당신의 일과 중에는 바꾸기만 하면 당신의 삶을 획기적으로 개선시킬 수 있는 분야가 4, 5가지 정도 있을 것이다. 이 부분에 집중하기 바란다.

그러한 것 중의 하나가 '체력 단련'이라면 20분씩 매주 3일씩 하기로 하자. 이것이 바로 하나의 행동인데, 계획표에 그렇게 적어 넣는다. 또 하나의 행동은 음주를 줄이는 것일 수 있다. 매주 닷새를 금주의 날로 정한 후, 나머지 이틀 동안에도 두 잔 이상 마시지 않기로 작정하고 그렇게 계획표에 적어 넣는다.

이 장을 넘기기 전에 다시 한 번 강조한다. 할 일을 종이에 적으면 큰 도움이 된다는 점이다. 적어 두지 않으면 일상의 온갖 일들에 파묻혀, 삶을 개선하기 위해 하기로 작정한 일들을 잊어버리기 쉽지만, 적어 두면 수시로 보고 상기하게 된다.

그리고 할 일들의 목록을 계획표에 적어 놓으면, 매일 점검해 볼 수 있다. 뭔가 뜻대로 풀리지 않아 스스로 정해놓은 일들을 제대로 하지 못했을 때, 계획표를 살펴보며 재정비를 할 수 있게 된다.

 MEMO

생활의 체계화는 주요 활동들을 받쳐주는 발판이며, 성공을 위한 필요조건이다.
누구나 하루에 24시간을 배급 받는다. 그 시간을 무엇에 사용하느냐에 따라, 성공하느냐 실패하느냐로 나누어진다.

인간은 습관을 만들고 습관은 인간을 만든다

— 당신이 오랫동안 길들여온 습관들이 일류 수준이 되지 못한다면, 자신은 의식하지 못하고 있지만 그 습관들이 당신의 발전을 계속 가로막을 것이다.

당신의 생각과 행동의 약 75%가 습관에 의한 것이라는 사실을 아는가? 생각해 보면, 그게 사실이라는 것을 알 수 있다. 매일 아침 같은 시간에 일어나 샤워를 하고 매일 반복되는 일과를 수행한다. 같은 음식을 먹고, 항상 가는 길로 차를 몰아 출근을 하고, 같은 주파수의 방송을 듣고, 같은 시간에 직장에 도착하여, 사무실에 들어서면서도 같은 말을 되풀이하는 등, 모두 습관적인 행동이다. 신비스럽게도 당신의 몸과 마음은 어느새 자동조종장치의 성능을 갖추게 된 것이다.

자동차 운전의 경우를 예로 들어보자. 처음 배울 때는 운전이 상당한 도전의 대상이었으리라. 동작 하나하나에 극도로 긴장을 해야 했고, 그럼에도 불구하고 실수가 빈번했을 것이다. 교통신호에 신경을 쓰며, 깜박이 신호를 제때 보내야 하고, 정차를 순조롭게 하는 방법을 익혀야 했다.

그러나 어느 기간 동안 운전을 하다 보면 어느새 그것은 제2의 본능, 즉 습관이 되어버린다. 모든 동작을 특별히 의식하지 않고 무의식적으로 운전을 하게 된다.

대부분의 사람들은 운전을 하면서 휴대폰을 사용하거나, 라디오를 듣거나, 다가오는 회의에 대하여 마음속으로 준비한다. 요컨대 운전이 습관화되어 운전의 모든 과정을 의식하지 않게 된 것이다.

양치질이나 구두끈을 맬 때마다 일일이 힘들여 생각을 하지 않아도 된다는 것은, 그만큼 두뇌를 아끼는 것이기에 좋은 현상이라고 할 수 있다. 그러나 그렇지 않은 면도 있다.

만약 당신이 오랫동안 길들여온 습관들이 일류 수준이 되지 못한다면 — 세상에는 저질이거나, 괴상한 습관들이 많다는 사실을 인정하자 — , 자신은 의식하지 못하고 있지만 그 습관들이 당신의 발전을 계속 가로막을 것이다.

성공을 가로막는 것들

— 당신의 성공은 문제에 대해 어떻게 반응하느냐에 달렸다. 따라서 문제가 발생했을 때 해야 할 질문은, '이 문제가 해결될 수 있을까?' 가 아니라, '어떤 방법으로 해결을 할까?' 여야 한다.

지금까지는 주로 성공의 촉매가 될만한 것들을 개념적으로 다루었는데, 이제부터는 성공을 가로막는 세 가지 요소들을 논하고자 한다. 이 세 가지 병폐를 제거하고 실제로 필요한 성공의 기술을 터득할 수만 있다면, 당신은 어떤 소망도 성취할 수 있게 될 것이다.

핑계

핑계란 무엇인가? 간단히 말하면 원하는 결과를 성취하지 못한 데 대한 정당화이며, 책임을 자기 자신이 아닌 다른 곳으로 돌리려는 구실이라고 할 수 있다.

사람들은 성과를 이루어내는 부류와, 핑곗거리만 만드는 부류로 나누어진다. 두 가지가 다 해당되는 경우는 드물다. 내가 아는 어떤 사람은 재주가 많다. 그는 영리하고 재치가 있고 거의 모든 것을 할 능력이 있다. 그럼에도 불구하고 지난 10여 년 동안 자기가 할 수 있는 데도 하지 못한 것들에 대한 핑곗거리만 만들며 지내오고 있다.

그 친구가 집중했으면 하는 분야가 특별히 있기 때문에 하는 말이 아니다. 그 친구는, 어떤 일을 하겠다고 떠벌이면서도 빠른 시일 안에 그 일을 자기가 달성하지 못하는 핑곗거리들을 이것저것 계속 늘어놓는다. 그는 '핑계대기'라는 이름의 병에 걸린 것이다. 이것은 완전히 습관이 되어 버려, 이제는 그가 언제쯤 또 핑계를 대리라는 것을 뻔히 짐작할 수 있다.

그는 새로운 일거리를 시작하거나, 사소한 심부름을 할 경우에도 어느 시점에 이르면 뭔가 핑곗거리를 끄집어내곤 한다. 한심한 것은 그가 이런 핑계대기에 하도 익숙해져서 이젠 거의 아무런 힘도 들이지 않고 핑곗거리를 만들어 낸다는 점이다. 핑계를 대는 습관이 얼마나 위험한지 모르기 때문에, 그는 계속 재능을 낭비하고 있는 것이다.

나는 회사에서 직원들에게 핑계는 아무 쓸모가 없는 것이라고 가르친다. 목표가 생기면 계획을 수립하고 행동을 취하면 된다. 물론 성공할 수도 있고 실패할 수도 있다.

실패했다면 다른 방법으로 다시 시작하거나, 만약 그 일을 성취할 준비가 되어있지 않다고 판단되면 깨끗이 단념하도록 한다. 그러나 결코 핑계를 대서는 안 된다. 결과에 대해 책임을 지고, 그것을 받아들여야 한다. 그리고 앞을 향해 나아가라.

방해

이제까지 나는 성취의 단순화에 대하여, 즉 명료화의 필요성, 계획의 용도, 일을 시작하여 목표를 달성할 때까지의 끈기 등에 관하여 여러 가지 얘기를 했다. 그 공식은 결코 복잡한 것이 아니다.

그러나 우리는 무균의 진공상태 속에 살고 있지 않기 때문에 이러저러한 방해물들에 대해 현실적으로 대처하지 않으면 안 된다. 우리는 현실 세계 속에서 병에 걸리기도 하고, 인간관계의 갈등도 겪고, 외부로부터 몰려드는 수많은 메시지들을 처리해야 하며, 그 밖에도 방해가 될 수 있는 여러 일들을 경험하게 된다.

따라서 우리가 발전을 계속하기 위해서는 흔히 있을 수 있는 방해요소들을 어떻게 억제할 수 있는지 생각해 볼 필요가 있다. 평계의 경우와 마찬가지로 방해요소들도 얼마든지 조절할 수가 있다. 조절할 수 없는 일이라고 생각했던 것조차, 조절하겠다는 의지만 있으면 조절할 수 있게 된다.

하나의 평범한 예로, 전화가 걸려왔다고 하자. 대부분의 사람들은 전화로 인해 수많은 방해를 받는다. 대부분의 전화들이 즐거운 내용이라고 하더라도, 계획에 몰두하기 위해 방해받지 않는 시간이 필요할 때 걸려오는 전화는, 훼방꾼이 되지 않을 수가 없다. 그런데 직장이라는 환경 속에서는 수없이 전화가 걸려오기 마련이다.

이런 식의 방해를 나는 두어 가지 방법으로 해결하고 있다. 꼭 나처럼 하라는 말이 아니라, 방해 요인을 통제하는 방법이 있다는 것을 보여주고 싶어서 하는 말이다.

나는 집에 전화가 없다. 내가 외부로 전화를 걸 일이 있거나, 중요한 전화가 오기를 기다리는 경우에는 휴대폰을 켜놓는다. 그러나 실제로 이런 경우는 드물다. 대부분의 경우 내가 아침 7시부터 저녁 7시까지 직장에서 일을 하기 때문이다. 따라서 이 시간 동안 충분히 업무상 메시지를 주고받을 수 있다.

퇴근하면 그때까지 걸려와 있는 모든 전화들을 점검하고 음성 메일도 점검한다. 당장에 응답해야 할 급한 용건에 대해서는 답을 하겠지만, 다음 날 아침까지 기다릴 수 없을 정도로 긴급한 용건은 지금까지 하나도 없었다.

이렇게 하면 저녁에 집에서 방해 받지 않고 있을 수 있고, 책을 읽거나, 좋아하는 텔레비전 프로그램을 보기도 하고 친구들과 즐길 수도 있다. 이 시간이야말로 나 자신을 재충전하며 하루 일을 되돌아보거나, 목욕탕에 편히 누워 쉴 수도 있는 것이다.

전화로 인한 방해를 해결하는 또 하나의 방법은, 걸려오는 전화들을 전부 저장해 놓은 다음 정해진 시간에 한꺼번에 응답하거나, 약속 장소로 가는 차 안에서 처리를 하는 것이다.

나는 일하는 도중에 전화를 받는 일이 별로 없는데, 그 이유는 근무시간에 동시다발적으로 진행되는 일들을 처리해야 하기 때문이다. 여러분도 매일 어쩔 수 없이 생겨나는 방해요소들이 무엇인지 점검해 보고, 그것을 줄이거나 없애는 방안을 강구하기 바란다.

두려움

두려움은 분명히 성공의 길을 가로막는 큰 장애물 중의 하나다. 거부당하는데 대한 두려움, 실패에 대한 두려움(거부의 원인이 됨)은 대부분의 사람들에게 공통적인 문제이다.

즉 '내가 그걸 하려다가 실패하면 바보가 되는 거야' 라는 생각을 하는 것이다. 그 결과 일을 처음부터 시작하지 않거나, 시작하더라도 할 수 있는 데까지 계속 밀어붙이지 못하게 된다.

나도 두려움이라는 감정과 관계가 깊다. 십대 시절 나는 '공포 박사' 였다. 나는 은둔자처럼 숨어있기를 좋아했으며 밖에 나가기를 두려워했고 남과 어울리는 것이 아주 불편했다. 남을 대하는 일이 쑥스러웠으며 자신이 없었기 때문이었다.

스무 살이 되어 처음으로 부동산을 판매하는 일자리를 얻었는데, 판매에 성공하기 위해서는 사람들과 자신있게 친교를 나눌 필요가 있음을 절감하게 되었다. 수줍고 내성적인 판매원은 성과를 올리기 힘들다는 생각이 들었기 때문이다. 그래서 나는 두 달 과정인 사회자 양성 과정에 등록했다.

개강 첫날 저녁 모든 참석자들에게 두껍고 하얀 서류철이 하나씩 배부되었다. 사람들과 만나는 것을 꺼리던 나는, 남이 내게 말을 걸어올까 봐 교실 한 구석에 앉아 한 장 한 장 열심히 그 서류철을 읽는 체하고 있었다. 수강생들 중에는 나처럼 그렇게 하고 있는 사람이 한 명도 없었다.

그런데 이윽고 강사가 들어오더니 말했다. '우리는 앞으로 8주 동안 함께 시간을 보내게 되었습니다. 정확히 말해서 열 여섯 번의 저녁 말입니다. 이 강좌의 목적은 마지막에 가서 여러분 각자가 다른 사람에게 또는 여러 사람들 앞에서 편안하게 말을 할 수 있게 되는 것입니다. 그 시작으로 우선 여러분 모두 한 명씩 자리에서 일어나 왜 자기가 여기에 왔는지 60초씩 말해주십시오.'

나에게는 최악의 두려운 사태가 벌어진 것이었다. 배가 아파왔다. 이렇게 많은 사람들 앞에서 연설을 해야 한다는 말을 왜 처음부터 해주지 않았다는 말인가! 나는 식은땀이 흘렀고, 강의실을 빠져나가 영영 되돌아오지 않을 궁리를 했다. 그러나 그 고통 중에도 뭔가 나를 계속 붙잡는 것이 있었다.

드디어 내 차례가 왔다. 나는 일어서서 배가 뒤틀리는 것을 참으며 왜 내가 부동산 사업에 입문했는지에 관하여 서둘러 몇 마디 말하고 자리에 앉았다. 자리에 앉은 후에도 정신이 몽롱했다. 바보 같은 짓을 한 것만 같았다.

그날 밤 집에 돌아가면서도 다음 주부터는 다시 가지 않을 생각을 골몰히 하고 있었다. 나를 아는 사람도 없었고 내가 설혹 다시 나타나지 않는다고 해도 누구도 걱정하는 사람이 없을 것이다. 그날 저녁 차라리 영화관에나 가는 것이 더 나을 뻔 했다는 생각도 들었다.

그러나 어찌되었건 다음 주에도 나는 그곳에 갔다. 하느님께 감사할 일이다. 8주 과정이 끝나는 날, 나는 사람들 앞에서 자리에서 일어나 5분 동안에 걸쳐 뭔가를 말할 수 있게 되었다.

현재 나는 수천 명의 청중들 앞에서 무대에 올라가 단번에 서너 시간을 계속 연설할 수 있게 되었으며, 그 순간을 즐길 수 있게 되었다. 연설할 때 샘솟듯이 흥겨운 순간들을 나는 즐긴다.

그렇다고 내가 연설을 앞두고 전혀 긴장이 되지 않는다는 말은 아니다. 긴장은 되지만 그것은 일종의 즐거운 긴장감이라고 할 수 있다. 그 긴장감은 내가 그 연설을 할 수 있느냐 없느냐 때문이 아니라, 이번 연설이 내 생애 최고의 연설이 될 것이냐 아니냐에 관한 것이다.

나는 아직도 원인 모를 두려움에 사로잡일 때가 있다. 마이크를 잡는 순간 벙어리가 되어버릴지 모른다는 두려움이 강단을 오르기 전에 엄습할 때가 종종 있다. 실제로 그런 일은 절대 일어나지 않을 것이다. 그런데도 그런 두려움에서 완전히 해방될 수는 없을 것 같다.

연설에 관한 진리는 평소 생활에서의 진리와 일맥상통한다. 두려움을 완전히 제거할 필요는 없다. 그러나 두려움 때문에 위축되어서는 안 되며 과감히 전진해야 한다.

삶 속에서 우리가 하고자 하는 거의 모든 일들은 당혹감, 놀림, 따돌림 등을 각오해야 한다. 지방의회 의원에 출마하는 사람이거나, 영어학원에 등록하는 이민 온 사람이거나, 노래자랑에 참가하는 아마추어 가수이거나 간에 어떤 일에 참여한다는 것은 거부나 따돌림을 당할 위험을 내포하고 있다.

어떤 경우에는 위험이 극히 생생하게 느껴질 때가 있다. 최근의 예는 내가 호주 경매 콘테스트에 참가하기 위하여 1999년 맬본에 갔을 때의 일이다. 그때 나는 우승하기까지 호주와 뉴질랜드의 경매 최고수들을 50명이나 물리쳐야 했다.

많은 사람들의 생각과는 달리 타고난 재능이 있어야 성공적인 경쟁자가 되는 것은 아니다. 내가 바로 그것을 증명해 보였다.

나는 경매 기법을 혼자서 익혔다. 일과가 끝나면 매일 밤 시드니 주변의 경매장을 찾아다녔다. 경매자 옆에 붙어 앉아서 그가 말하는 것을 하나도 놓치지 않고 작은 녹음기에 녹음했다. 그리고 내 원룸 아파트로 돌아와 녹음테이프를 다시 틀어놓고 아까 경매자가 한 말들을 기록을 했다. 구체적인 표현이나, 억양이나, 말하는 속도까지도 기록을 했다.

머지않아 경매에 사용되는 은어들을 모은 파일을 두 개나 만들어 가질 수 있게 되었다. 한 권에는 내 마음에 끌리는 부동산에 관해 설명하는 내용이 담겨있고, 또 한 권에는 경매장 고객들을 즐겁게 하는

짤막한 농담들이 들어있다.

나는 심혈을 기울여 열심히 배웠고 집에 와서도 연습을 했다. 매일 아침 샤워를 하면서도 경매 연습을 했다. 아무도 듣는 이가 없었기 때문에 내가 가망이 없다는 소리를 들을 필요가 없었다. 나는 점점 더 잘하게 되었고, 드디어 어느 날 사장에게 이제 실제로 경매를 해봐도 되겠느냐고 물어봤다. 사장은 그러라고 승낙했다.

드디어 내 생애 최초로 경매에 나서는 날이 닥쳐왔다. 결과는 형편없었다. 그러나 다시 경매에 나섰을 때는 성적이 그리 나쁘지 않았다. 그 후 횟수를 거듭할 때마다 조금씩 나아졌다.

곧 경매에 익숙해졌고, 드디어 능숙하게 되었다. 그때가 지금부터 15년 전인데, 그 후 세계적인 경매 고수들이 모두 맬본에 있다는 사실을 알게 되었다.

그래서 작은 녹음기를 들고 맬본에 가서 세 명의 최고 경매자들을 찾아내어 녹음을 했다. 집에 와서는 녹음한 내용을 필기하고 연습에 연습을 거듭했다. 드디어 나도 경매 기술의 1인자가 되는 길로 접어들게 된 것이다.

그럼에도 불구하고 경매 콘테스트에 참가하려고 맬본에 갔을 때, 나는 앞서 말한 사회자 양성 과정에서의 첫날 저녁과 같은 기분에 사로잡혔다. 이미 나는 그때 부동산 경매계에서 상당한 위상을 확보했기 때문에, 자칫하면 많은 것을 잃어버릴 수도 있다는 위험부담을 느졌던 것이다. 만약 우승을 못하면 망신을 당할 것 같았다.

콘테스트가 있는 날 아침 나는 호텔 방에 앉아 온갖 생각을 다했다. 나는 초조했고 기권에 대해서도 심각하게 생각해 보았다. 거기까지 진출했지만 뒤늦게 기권하는 이유를 꾸며대기는 쉬운 일이었다. 사업상 시급한 사정 때문에 또는 다른 핑계로 시드니로 급히 돌아가야 한다고 말하면 되는 것이었다.

나는 엘리베이터를 타고 호텔 로비로 내려갔다. 내가 엘리베이터에서 나가는 순간 바로 결정을 해야만 했다. 시드니로 돌아갈 것인가, 아니면 결전의 현장으로 가야 할 것인가? 그 짧은 순간에 나는 콘테스트에 나가기로 결정했다.

인생에는 결단의 순간들이 오기 마련이다. 쉬운 길을 택하여 빠져나갈 것인가, 아니면 버티면서 두려움과 싸울 것인가 하는 선택의 갈림길에서 당신은 당신의 미래를 설계하게 되는 것이다. 이런 순간들을 제때에 포착해 당신에게 유리한 방향으로 활용해야 한다.

그날 아침 나는 나 자신을 이겨냈고 경매시합도 계속 이겨 그 이튿날 우승을 차지하게 되었다. 쉬운 길로 빠져 도망치기 직전에 마음을 고쳐먹었기 때문에!

내 이야기의 요점은 아무리 나이가 들어도, 아무리 성공을 해도, 스트레스, 두려움, 고통, 당혹감, 걱정 등은 삶의 자연스러운 한 부분으로 우리와 동행한다는 점이다.

사실 성공을 하면 할수록 위험은 그만큼 더 높아진다. 왜냐하면 주변 사람들의 기대도 더 높아지기 때문이다. 사람들은 매번 당신이 최고의 성과를 올리기를 기대한다.

실패는 항상 큰 성공의 조짐이라고 앞에서 말했다. 그럴만한 이유가 있다. 거의 모든 큰 성공이 신념의 도약을 요구한다. 큰 성공을 이루기 위해서는 사업과 개인생활을 새로운 단계로 도약시켜야 한다. 그리고 이 일에는 항상 실패의 위험이 따른다.

만약 그러지 않고 한 번에 조금씩 나아지는 점진적인 방법에 만족한다면, 그런 위험도 역시 없을 것이다. 그러나 그런 식으로는 큰 성공을 이루기 힘들다. 이것은 단순한 인식의 문제가 아니다.

과거를 돌이켜보면, 분명히 나는 제대로 잘 되는 일보다는 제대로 되지 못한 일들을 통하여 더 많은 것을 배웠다. 생활에 문제가 많으면 많을수록 더 많은 것을 경험하게 되고, 극복해야 할 문제가 많으면 많을수록 그만큼 더 인간적으로 성숙해져서 삶의 차원이 높고 넓어지게 되는 것이다. 그러므로 문제가 없기를 바라지 말라. 그 문제들을 유리한 쪽으로 돌릴 수 있도록 기도하라. 그것이 바로 성공의 길이기 때문이다.

이 모든 것이 의지를 필요로 한다. 이 페이지를 넘기기 전에 자신에게 전혀 새로운 종류의 사고방식을 가지겠다고 맹세하라. 지금부터는 어떤 방해물이 가로막더라도 쉽사리 실망하지 않고 그 방해물

속에 숨겨져 있는 선물이 무엇이지 찾아보기 바란다.

문제는 해결하라고 있는 것이다

우리는 성공한 사람들로부터 모든 것을 배울 수 있다. 얼마 전 메리톤 아파트 회사의 소유주인 해리 트리고바프의 참모 한 명과 저녁 식사를 할 기회가 있었다. 메리톤 빌딩 디자인을 좋아하든 싫어하든, 해리가 대단히 성공적인 사업가라는 데에는 누구나 동의할 것이다.

그는 빈손으로 호주에 와서 자수성가하여 억만장자가 되었다. 나는 평소에 해리의 성공을 가능하게 한 것이 무엇인지 굉장히 궁금했었다.

둘이 마주 앉자마자 나는 그 참모에게 말했다. "해리에 대하여 얘기를 좀 들어봅시다. 어떻게 해서 그는 그렇게 성공을 했습니까?" 그러자 그 참모가 말하길 자기가 생각하기에 해리의 가장 큰 장점은 '몰두'라는 것이었다. "그는 회의에 참석하면 우리가 무엇을 왜 할 수 없는가 하는 말 따위는 들으려 하지 않습니다. 오직 할 수 있다는 말만 들으려고 하지요."

이런 상황일 때 당신이 사용하는 방어기재는 무엇인가? 만약 길을 가다가 강물이 길을 가로막고 있다는 것을 알았을 때, 당신은 자동적으로 자신에게 더 이상 갈 수 없다고 말하는가? 아니면 강을 건너는 방법을 궁리하기 시작하는가? 뗏목이나 밧줄 또는 커다란 박쥐라도 타고 건너는 방법이 있는지, 여러 가지 중에서 어떤 것이 가장 적당하겠는지 비교해 보는가?

당신의 성공은 문제에 대해 어떻게 반응하느냐에 달렸다. 하나의 문제를 푸는 방법은 여러 가지가 있을 수 있다. 여러 가지 방법을 동원해도 결코 해결되지 않은 문제는 없다고 나는 믿는다. 따라서 문제가 발생했을 때 물어야 하는 질문은, '이 문제가 해결될 수 있을까?'가 아니라, 어떤 방법으로 해결을 할까?' 여야 한다.

실패를 발판으로 뛰어올라라

성공한 사람들로부터 또 하나 배울 점은 탄력이다. 탄력은 성공한 사람들의 뛰어난 특징 중의 하나이다. 그들은 목표의 달성이 수없는 시도를 거듭한 끝에 이루어진다는 사실을 본능적으로 또는 체험을 통해서 알기 때문에 성공한 것이다.

그들은 길을 가다 막히면, 다른 길로 간다. 그래도 또 길이 막히면 멈춰 서서 지금까지 온 길이 왜 잘못 되었나 생각해 보고 또 다른 길을 택하여 간다. 이렇게 옳은 길을 찾을 때까지 시행착오를 계속한다.

인생을 살다보면 바람의 방향이 돌연히 바뀌는 수가 허다하다. 우측 방향으로 배가 항진하는 것으로 되어 있는데, 돌연히 항구를 향해 방향을 바꿔야 하는 때가 있다. 보통 이런 일은 예상하기도 힘들고 피하기도 힘들다. 그냥 새 방향으로 가면서 최선을 다할 수밖에 없다.

만약 당신이 일하고 있는 은행에서 3,000명을 감원하기로 결정했고 당신도 감원 대상인 경우, 당신이 나서서 그 결정을 바꿀 수는 없다. 그러나 그 사태에 대해 당신이 취할 반응은 당신 자신에게 달려 있다. 그것을 하나의 좋은 기회로 여기고 퇴사하여 새로운 기술을 익힌 후에 지금보다 더 좋은 새로운 직업을 개척할 수도 있는 것이다.

대부분의 사람들은 무슨 일이 안 되는 이유를 대는 데만 급급해 한다. 이럴 때 나는 직원들에게 다음과 같이 환기를 시키곤 한다. 예를 들어 한 부서장이 어떤 일을 할 수 없는 다섯 가지 이유를 대면, 나는 그에게 이렇게 말한다.

"알았어요. 그렇다면 그 다섯 가지 문제만 해결하면 이 일은 잘 되겠군요."

이 말은 문제해결의 실상을 인식하자는 것이다. 어떤 문제를 해결하는데 여러 가지 해결책이 있을 수 있고, 우리는 그 중에서 단 한 가지 방법을 잘 선택하면 된다.

나는 직원들에게 불가능한 것을 하라고 지시하지 않는다. 부서 책임자를 고용할 때마다 이 점을 확실히 해둔다. 그리고 먼저 이렇게 말한다.

"당신에게 절대로 불가능한 일은 시키지 않을 것입니다. 시키는 일은 모두 실현가능한 일이며, 당신이 그 일을 해낼 것으로 기대하므로, 그 일을 할 것을 요구합니다. 물론 모든 일이 다 쉽거나, 간단하지는 않을 겁니다. 그러나 하면 가능할 것이므로 시키는 것입니다."

직원들은 자기 능력을 벗어나는 일을 강요당하지 않을 것이며, 또 문제가 생긴다 하더라도 해결하는 방법이 있으리라는 믿음을 가지고 매일 아침 출근한다.

가치 있는 것은 값을 치루지 않고서는 결코 얻어지지 않는다. 대부분의 경우 그 대가란, 성공하기 이전에 실패나 고통의 형태로 당신에게 다가온다. 되돌아보면 가치가 있으면 있을수록 실패를 수없이 거듭하며 목표에 도달하게 되었다는 것을 알 수 있다. 실패는 성공에 이르기 위한 과정이며, 학습의 일부이다.

이런 말을 하는 까닭은, 지금까지 수많은 사람들이 중요한 일을 시작해놓고서도 일시적인 어려움을 극복하지 못해 안타깝게도 목표를 이루기 직전에 멈추는 것을 보아왔기 때문이다.

그러한 좌절은 거절 또는 비웃음이 그 원인이 된 경우가 더러 있는데, 다른 사람이 그 꿈에 동조하지 않거나 다른 관점을 가졌기 때문이다. 그런가 하면 자신에 대한 회의에 빠져있는 동안, 다른 사람이 그 꿈을 가로채버리는 경우도 있다.

내가 더 젊었을 때 들었던 얘기를 한 가지 하려고 한다. 넓은 땅을 소유하고 있던 남자가 자기 땅에 다이아몬드가 가득 묻혀 있을 것이라는 얘기를 듣고는, 희망을 품고 땅을 파기 시작했다.

자기 운명을 바꿀 정도로 많은 보화에 대한 꿈에 이끌려 그는 전력을 다하여 땅을 팠다. 한 삽 가득 풀 때마다 다이아몬드가 있는지 찾아보며 하루종일 파고 또 팠으나, 허리만 아프고 온몸이 지쳤다. 그 땅이 소 먹이 외에는 별다른 가치가 없다고 생각하며, 그는 다이아몬드의 꿈을 접고 땅을 이웃에게 팔아버렸다.

그 땅을 산 이웃은 땅의 한 부분이 파헤쳐져있는 것을 보고 궁금한 생각이 들었다. 그러고 보니, 파던 자리 옆에 삽도 하나 버려져 있었다. 새 주인은 그 삽을 가지고 도대체 무엇을 찾아 그렇게 땅을 팠는지 알아내기 위해 자기도 땅을 파내려가기 시작했다. 세 번째 삽질을 하자 흙 속에서 놀랍게도 두 개의 다이아몬드 원석이 튀어나오는 것이 아닌가!

지난 번 주인은 하루종일 땅을 팠고 몇 번의 삽질만 더 했더라면 다이아몬드가 쏟아져 나왔을 텐데, 그때까지의 결과만 보고 더 이상 파봤자 허사라며 속단하고 포기해 버린 것이다.

많은 사람들이 이와 비슷하게 몇 통의 전화를 더 걸지 않았기 때문에, 하던 일을 좀 더 계속하지 않았기 때문에, 가던 길을 몇 걸음만 더 걷지 않았기 때문에, 성공과 실패가 뒤바뀌게 된 것이다. 목표를 성취할 때까지 고집스럽게 전진하기 바란다. 그러면 목표가 다가온다.

MEMO

핑계대기, 방해, 두려움은 모두 자연스러운 삶의 일부이다. 그런 것은 누구에게나, 어떤 일에서나, 있기 마련이라는 것을 인정하고 어떻게 해소할 것인지 궁리하라.

지금 이 순간에도 그런 것들이 당신의 성공을 가로막고 있을 수 있다. 당장 단호한 책임감, 집중력, 신념으로 극복하고 당당히 앞으로 나아가라.

하루 24시간이 중요하다

_ 당신이 한 일들이 당신을 피곤하게 만드는 것이 아니라, 당신이 하지 않고 있는
일들이 당신을 피곤하게 만든다

성공한 사람들과 그렇지 못한 사람들과의 차이는 결국 시간을 어떻게 쓰느냐에 대한 차이라고 말할 수 있다. 똑같이 일주일에 168시간씩 주어지지만, 하는 일은 너무나 다르다.

흥미로운 것은, 우리 모두 결심만 하면 현재보다 훨씬 더 많은 것을 성취할 수 있다는 사실이다. 다시 말해서 성공한 사람들처럼 시간을 관리하면, 현재보다 몇 배 많은 것을 이룰 수 있다는 것인데, 어떻게 하면 그렇게 될 것인가?

그렇게 되려면 생활을 체계화해서 중요한 것과 중요하지 않은 것을 구별해야 한다. 많은 사람들이 얼마나 열심히 일하며 스트레스를 많이 받는지 떠들어대며, 세간의 주목을 받고 관심을 끌려고 한다.

그러나 스트레스를 받는다는 게 자랑거리가 될 수는 없다. 스트레스를 많이 받는다고 영웅이 되는 것은 아니다. 매일매일 수많은 일들

을 감당하면서도 스트레스를 받지 않는 것이 영웅적인 삶이다. 성공적인 사람들의 삶이 바로 그렇다. 스트레스를 잘 이겨내고 있다는 것이 바로 그들을 성공적이라고 부를 수 있는 이유 중의 하나이다.

생활의 체계화는, 높은 성취도를 위해 가장 기본적인 조건이다. 체계화란, 필요한 것이 무엇인지 분별해서 일정 속에 적절히 맞추어 넣는 작업을 뜻한다. 일단 생활의 체계화가 이루어지면, 지금까지 자신의 능력 밖으로 여겨졌던 일들이 놀랍도록 수월하게 이루어진다.

그리고 많은 사람들이 잘못 알고 있는 것이 있다. 낮에 일을 많이 하면 할수록 저녁에 피곤하다는 것이다. 언젠가 동기강화와 성공에 관한 유명한 저술가이며, 강연자인 토니 로빈스가 말했다.

'당신이 한 일들이 당신을 피곤하게 만드는 것이 아니라, 당신이 하지 않고 있는 일들이 당신을 피곤하게 만든다.'

나는 이 말이 진리라고 생각한다. 일과가 끝났을 때 당신을 정신적으로 피곤하게 만드는 것은, 하기는 해야 하는데 꾸물대느라고 또는 회피했기 때문에 하지 못한 채 그대로 쌓여있는 일거리들이다.

그러나 '할 일' 리스트에 적혀있는 것들을 모조리 끝마쳤거나 한두 가지는 제대로 되지 않았지만 다른 것들은 훌륭히 해냈다면, 일과가 끝났을 때 전혀 피곤함을 느끼지 않게 된다. 모든 일을 다 끝냈다면, 좀 쉬고 싶긴 하겠지만 정신적으로 충전이 된 느낌을 만끽하게 될 것이다.

여러분에게 보여주기 위해 내 계획표에서 무작위로 뽑은 하루 일과를 살펴보기로 하자.

이렇게 보낸 하루는 전혀 피곤하지 않으며, 오히려 활력을 얻게 된다. 일정이 꽉 찬 것처럼 보일 수도 있겠지만 내게는 아직도 여유가 있다고 생각된다. 시스템과 기술적인 부분을 개선하면 더 많은 것을 성취할 수 있을 것이다.

어느 5월 14일, 월요일

또 하루가, 그리고 또 한 주가 시작된다. 이 시점부터 잘해야 한다. 해가 떠서 질 때까지 무엇을 하느냐에 따라 내 삶은 달라진다.

오전 5시 15분

매일 이맘때 자리에서 일어난다. 아무런 방해도 받지 않고 30분 동안 운동을 할 수 있는 최상의, 유일한 시간이 근무시간 전인 바로 이때다. 업무를 시작하는 시간이 7시이기 때문에 이때에는 일어나야 한다. 보통 편의상 아파트 안에 있는 체육관에 간다. 그러나 가능하다면 본디 비치로 내려가 조깅을 하고 수영도 한다.

오전 6시 30분

출근길에 단골 카페에 들른다. 6시 30분이면 문을 여는데 거의 날마다 내가 첫 손님이다. 신문을 읽고 오늘 일과를 점검한다. 가끔 우리 회사 임원과 마주 앉아 커피를 들 때도 있다.

경쟁자들보다 한발 앞서 출발한다는 것이 나를 기분좋게 한다. 내가 운동을 하고, 신문을 읽고, 동료들을 만날 때까지, 내 경쟁자들은 대부분 침대에 누워있을 것이다.

신문을 읽는 것은 세상 돌아가는 것을 알기 위한 목적도 있지만, 사업 개발을 위한 수단이기도 하다. 종종 사업의 기회로 연결될 가능성이 있는 기사들을 찢어가지고 나온다.

오늘은 스타벅스 커피 전문점이 호주에 상륙한다는 기사를 읽었다. 그들이 점포 자리를 구하는 일을 우리 회사가 꼭 맡아야겠다고 생각하며, 그 기사를 따로 떼어내어 임대사업 부장에게 넘겼다. 이러한 것이 중요한 사업관계로 발전될 수도 있다.

오전 8시

거의 매주일 판매전략회의를 주재한다. 판매팀 전원이 모여 한 주간을 점검하고, 새 부동산 매물들을 검토하고, 최근 판매 상황과 시장 동향을 점검한다.

나는 회의 때마다 참석자들에게 뭔가를 가르쳐주고 격려해주려고 노력한다. 매주일 30~45분 동안 짬을 내어 회사 영업 활동에 주축을 이루는 그들에게 관심을 보이고 사기를 북돋울 수 있다면, 이것이야말로 훌륭한 시간 활용법이기 때문이다. 이런 회의는 판매전선의 최전방에 있는 직원들과 밀접한 유대관계를 지속시켜 준다.

오전 8시 45분

이번에는 비서팀과의 회의다. 세 명의 비서가 각자 다른 업무를 수행한다. 세상에서 최고인 대외협력 조직이며, 누구와도 바꾸기 싫은 재주꾼들이다. 모두 젊고, 열정적이며, 고객을 중심으로 생각한다. 이들과 함께 지난 24시간을 점검한다.

내가 참석했던 모든 회의의 주요 결정 사항과 이에 따른 조치들을 되짚어보고, 이로 인해 내가 해야 할 후속 조치가 무엇인지, 또 다른 사람들은 무엇을 해야 하는지 논의한다.

우리는 앞으로 24시간 동안 해야 할 중요한 회의와 그 준비사항을 점검한다. 나는 항상 하루 일정에 집중한다. 일주일 동안 해야 할 일들이 너무 많기 때문에, 하루가 아닌 일주일을 단위로 검토한다면 정신적으로 지칠 게 틀림없다. 그래서 오늘 어떻게 효과적으로 보낼까 하는 문제에만 집중한다. 내일은 내일의 몫이기 때문이다.

오전 9시 15분

이번에는 수석 부사장을 만날 차례다. 어느 인터넷 부동산 회사와의 거래를 계기로 처음 만났는데 어찌나 정열적인지 발전기 모터같은 사람이다. 한 사람이 이 두 가지를 겸비한 경우는 그리 흔치 않은 일이지만, 그녀는 지능과 정열, 이 두 가지를 타고났다. 나는 그녀의 단도직입적인 태도도 맘에 든다. 요점을 곧바로 짚어내어 명쾌하게 상황을 파악할 수 있게 해주기 때문이다.

우리는 함께 지난 한 주일 동안의 성과를 검토하고, 장래를 위한 전략적 목표들을 집중적으로 검토한다. 우리는 서로를 문제해결을 위한 공명판으로 활용한다. 즉 서로에게 문제를 던져 그 반응을 검토하며, 상황을 파악해 해결하는 것이다.

우리 대화는 항상 활달하고 도전적이며 적극적이어서, 불평이나 원망을 할 틈이 없다. 문제가 있으면 서로 궁리해 헤쳐나가면 된다.

오전 10시

교육 · 이벤트 팀장과 면담하는 시간이다. 우리 회사는 다음 주에 세계 곳곳에서 1천 명 이상이 모이는 대규모 국제부동산학술대회를 주관한다.

이 때문에 대대적으로 광고를 하거나 홍보활동을 벌이지는 않지만, 교육 · 이벤트 팀이 전담하여 자금을 확보하고 행사를 진행하려고 한다. 일은 지금까지 순조롭게 진행되고 있다.

지난번에는 약 500명 정도만 참가하여 회계상 적자를 보았지만, 이번에는 세계적으로 가장 훌륭한 부동산학술대회가 될 것이며 재정상으로도 성공할 것으로 보인다.

미래를 내다보면, 부동산학술대회를 통한 훈련과 자문 활동이 수입원을 개발하는 좋은 기회가 될 것이다. 아울러 이 일을 통해 우리 회사 직원들이 관련 분야의 세계 최고 지도자들을 만나는 기회를 갖게 되므로 어느 모로 보나 의미있는 일이다.

우리는 회의실 배치, 강연 주제에서부터 휴식시간 중의 배경음악에 이르기까지 행사 준비의 모든 사항을 점검한다. 이런 대외행사의 경우, 나는 세부사항까지 관여하는 것을 좋아한다. 물론 남에게 위임하는 방법도 익혔지만, 세부사항에 관하여 내 의견을 반영하는 과정이 재미있다. 어떤 때는 내 의견이 진가를 발휘하기도 한다.

오전 10시 45분

이번 회의는 브리스베인에서 추진 중인 신규사업에 관한 것이다. 나는 아직도 판매와 판촉활동의 짜릿함을 즐긴다. 이 부동산 개발자는 호주의 유명 설계자 마크 뉴손과의 합작 권리를 따냈는데, 틀림없이 성공할 것이다.

위치가 좋으며, 설계자는 한껏 고조된 상태다. 우리가 그 부동산의 판매 대행을 맡을 수 있다면 참 좋겠다. 우리는 회사 브랜드와 인터넷 광고에 초점을 맞추어 판촉활동을 벌일 것이다. 맥그라 브랜드와 개발사의 구상이 잘 어울릴 것이라고 믿는다. 이 점을 그들이 분명히 알도록 해야 한다.

오후 12시 10분

이번에는 꼭 우리 회사로 끌어들이고 싶은 사람을 면담하는 시간이다. 그는 대단한 판매원인데, 우리와 함께 일하게 되면 그 사람도 한 차원 높게 발전할 것이다.

그런데 사람들은 보수적이어서 결정하기를 주저한다. 그에게 잘될 것이라는 것을 확신시켜야 한다. 면담은 잘 진행되었다. 그가 우리 회사로 옮겨올 것 같다.

오후 12시 45분

점심시간이 길어지는 것을 나는 싫어한다. 그러나 중요한 업무와 관련되어 있는 경우는 다르다. 식사를 하면서 업무회의를 하기 때문이다.

오늘은 'No Name Restaurant'에 갔다. 열여섯 살쯤 때부터 그 식당을 드나들었는데, 20여 년이 지났어도 변한 것이 없다. 스파게티한 접시에 6달러, 아래층에서 마시는 커피 한 잔에 2달러이다. 나는 보통 30분 안에 들어갔다 나온다.

나오면서 그 근처에 카페를 가지고 있는 친구를 만난다. 우리는 현재 그의 딸이 남자 친구와 첫 살림을 시작할 집을 매입하기 위해 주택 융자를 추진해 왔다. 우리 회사 재무팀이 융자 승인이 떨어졌다고 해서, 그 기쁜 소식을 전해 준 것이다. 이제 마땅한 집을 찾는 일을 도와주어야겠다.

오후 1시 45분

나는 보통 사무실로 걸려오는 전화를 즉시 받지 않는다. 물론 아주 중요한 고객이거나, 부동산을 매도하려고 하는 사람이나, 부동산 관련 언론사일 경우는 예외다. 하루에도 100통 이상의 전화가 걸려오는데, 오는 대로 다 받으면 나는 아무 일도 못 할 것이다. 그래서 담당 직원들이 대신 처리한다.

그들은 내가 어떻게 할지 정확히 알고 있기 때문에 대부분의 경우 구태여 내게 물어볼 필요없이 알아서 처리한다. 그들은 하루에 두 번 꼭 직접 응답해야 할 발신자들의 명단을 내게 준다.

나는 이메일을 선호하고, 만나는 사람들에게도 가능하면 이메일을 보내달라고 한다. 걸려왔던 전화에 대한 응답은 약속 시간 사이사이를 활용한다. 다음 회의를 시작할 때까지 30분 동안 밀린 이메일에 대한 응답을 할 계획이다.

오후 2시 10분

마케팅 팀장이 사무실로 들어선다. 그는 회사의 새 로고 제작에 대한 결재를 내가 미루고 있어 마음이 조급하다. 그런데 나는 그것이 제대로 되었는지 아직 100% 확신이 서지 않는다.

나는 직감적으로 일을 처리할 때가 많다. 어떤 때는 이유를 정확히는 몰라도 뭔가 육감으로 느껴지는 것이 있다. 중대한 결정에 대하여 내가 가지고 있는 신조는, 뭔가 확실히 '이거야!' 하는 느낌이 안 오면, 안 된다는 것이다.

로고 디자인을 동생에게 가지고 가봐야겠다. 그는 판단력이 대단하다. 그건 그의 아내인 조디도 마찬가지다. 그들 부부가 이걸 보고 어떤 반응을 보이는지, 조언을 들어야겠다.

조사에 수천 달러를 쓸 필요는 없다고 생각하지만, 내가 존경하는 사람들의 의견을 듣는 것은 유익하다고 믿는다. 이 참에, 내 대녀代女이기도 한 조카 안나도 봐야겠다. 안나는 이제 한 살인데, 얼마나 귀여운지 모른다. 이번 주 안으로 퇴근길에 한 번 들러 봐야지.

오후 2시 35분

서둘러야겠다. 부동산에 관한 텔레비전 프로그램에 출연해야 하기 때문이다. 우선 원론적인 이야기를 한 다음, 짧막하게 5분짜리 생생한 스토리를 엮어내야 한다. 그러자면 부동산 현장에서 하는 것이 관례이다.

오늘은 다행스럽게도 회사에서 가까운 곳에서 시행되고 있는 홍

미로운 개발 사업을 다룰 수 있겠다. 오래된 담배공장을 10채의 아파트로 개조하고 있는 곳이다. 직원 한 명이 현장조사를 한 후, 종이에 4, 5개의 요점을 적어주면, 나는 현장으로 가는 도중에 읽어본다.

정보는 갓 입수한 것이 최고라는 생각이 들 때가 있다. 미리 너무 많이 검토하거나 연습을 하면 그만큼 연출할 때 신선도나 생동감이 떨어지기 때문이다. 내가 15분 정도 늦게 도착해서 그런지 현장의 제작팀은 벌써 준비 완료 상태이다. 방송국 스튜디오에서 내게 생방송으로 몇 가지 질문을 한다. 나는 걸어가며 시청자들에게 아파트를 보여준다. 카메라맨도, 프로듀서도 흡족해 한다.

오후 2시 45분

촬영이 예정보다 빨리 끝나서 다음 약속 시간까지 45분이나 남았다. 그동안에 이메일을 처리하기로 한다. 한 시간에 30건에서 45건의 속도로 처리한다. 보통 한 두 마디로 응답하면 되고, 길어봤자 한 문장이다. 철자법 같은 것은 신경 쓰지 않는다. 신속히 의사소통을 하는 것이 더 중요하다.

오후 3시

이런 자투리 시간을 이용하여 나는 판매 담당 이사 제임스 대크와 얘기를 나눈다. 그는 내가 사업을 시작할 때부터 지금까지 10여 년을 같이 일해 온 고참 중 한 명으로 나는 그의 의견을 높이 평가한다. 그는 성공한 삶을 사는 사람으로, 사회를 위해서도 꾸준히 봉사하며 기여를 하고 있다.

오후 3시 30분

매주 이 시간이면 우리 사업의 생명선이라고 할 수 있는 판매팀장들과 회의를 한다. 참으로 중요한 시간이다. 지난 한 달 동안의 실적은 우수했다. 사실상 성장 목표의 약 30%를 초과달성한 것이다. 물론 이번 달에도 계속해서 실적을 올려야겠다.

오늘 회의의 최우선 의제는 우수공로자들을 선별하는 일이다. 그들에게 상응하는 포상을 해야 하기 때문이다. 다음 의제는 실적이 부진한 직원에 관한 문제와 고객 불만 사항들이다.

고객 불만이 전혀 없다고 말하고 싶지만 그럴 수는 없다. 우리 직원들은 최상의 서비스를 제공하고 이에 대한 칭찬과 감사의 편지들을 수없이 받는다. 그럼에도 불구하고 한 주에 한 두 건의 불평을 듣게 되는데, 이에 대하여 신속히 대응을 해야 한다.

우리가 제대로 응대를 하면 고객을 다시 확보하고 그 경험을 통해 배우게 된다. 그러지 못하면 고객을 잃게 된다. 회의에서 우리는 '주요 성과 평가표'를 검토하고 특별한 예외 조항이나 변경이 필요한지 논의한다. 그리고 고객들에게 일일이 전화를 걸어 실제 업무수행 상태를 점검한다.

숫자란 매우 중요하다. 숫자는 거짓말을 하거나 애매한 말을 하지 않는다. 만약 계량화된 성과표의 수치들이 엉뚱한 방향으로 나아가고 있으면, 거기에 대해 대대적인 조치를 취해야 한다. 오늘 당장!

오후 4시 30분

이번 회의는 전화로 한다. 나는 가능한 한 많은 회의를 전화로 하려고 한다. 실제로 만나서 하는 것보다 훨씬 빠르게 진행할 수 있기 때문이다. 이번에는 한 소규모 부동산 개발사업의 설계를 변경하는 문제에 관해 검토해야 한다.

내가 하는 최초의 개발 사업인데, 그동안 이 일을 통해 많은 것을 배웠다. 심의과정에서 여러 번 중단 사태도 경험했다. 내가 건축가 이안 무어에게 부탁한 것은 입주자들을 감동시킬 수 있게 그 부지에 걸맞은 가장 아름다운 빌딩을 설계해 달라는 것이었다.

그는 내 주문대로 해 주었다. 어느 국제 건축상 후보에 오르게 된 것이다. 설계 변경은 제대로 잘 되고 있고, 그에 따르는 타당성 평가도 조정하기로 했다. 아름다운 것도 중요하지만, 비용에 있어서도 문제가 없어야 한다. 그러지 않으면 동업자들이 다음번에는 참여하지 않으려고 할 것이다.

나는 실용성을 추구하는 사업의 현실 세계에서도 내 이상주의를 반영하려고 노력한다. 우리 회사 사업관리자들과 나는 일이 제대로 진행되고 있다는데 의견이 일치했다. 우리 동업자들에게도 새 수치들을 알려 주라고 지시했다. 사업에 관련된 모든 당사자들이 의사 결정에 함께 개입한다는 것은 참으로 중요한 일이다.

오후 5시 50분

오늘 하는 마지막 회의다. 회의를 밤 늦게까지 끌고 가는 것은 싫다. 경마 스타 짐 캐서디가 몇 년 전 맬본 컵 대회에서 우승하고 나서, '열심히 일하고 제때 집에 가라'고 한 말이 마음에 든다.

이번에는 realestate.com.au의 경영주인 케빈과 만날 차례다. 나는 그 회사 주식을 상당수 가지고 있으며, 이사이기도 하다. 주식회사 임원직을 맡은 것은 처음인데, 잘한 일이라는 생각이 든다.

주식회사라고 해서 개인회사 운영과 크게 다르지는 않다. 경영 목표를 세워 운영하며, 방해하는 문제가 생기게 되면 그것을 헤치며 나아가면 된다.

케빈과 나는 자주 만나 영업상의 문제들을 상의한다. 요즘은 국내 총괄 판매본부장을 새로 뽑으려고 하는데 마땅한 사람이 나타났으므로 함께 만나볼 계획이다. 그는 내 친구로 오랫동안 만나지 못하다가 얼마 전에 우연히 비행기 안에서 다시 만나게 되었는데, 새 일자리를 찾고 있다고 하기에 우리 회사에 입사하는게 어떨지 함께 의논해 보자고 했다.

면담이 잘 되어 이사회 승인만 나면 채용이 될 것 같다. 내 생각에 그는 정말 우리에게 꼭 필요한 사람인 것 같다. 이렇게 빨리 돌아가는 인터넷 세상에 이런 기회를 놓쳐서는 안 된다.

오후 7시 15분

오늘 할 일이 끝났다. 영화를 한 편 보고 싶었지만 마지막 회의가 계획보다 약간 길어져서 영화 보기는 힘들겠다. 집에 가서 간단히 저녁이나 먹어야지. 저녁 일곱 시 반 이후에는 아무것도 먹지 않으며, 저녁 식사도 많이 먹지 않으려고 노력한다. 집에 가자마자 파스타 한 접시와 삶은 야채를 좀 먹을 참이다. 퇴근하면서 대녀代女 중 한 명에게 전화를 걸어 오늘 하루 어떻게 지냈는지 물어봐야겠다.

오늘 일과를 되돌아보니 아주 생산적인 하루였다. 모든 게 잘 풀려나가는 날이 있는데, 오늘이 바로 그런 날이다. 내일 할 일을 준비할 시간이 없지만 내일 아침에 하면 된다.

9시 반에 침대에 누우면 열시쯤 잠든다.

MEMO

하루 동안 당신은 생각보다 많은 일을 할 수 있다. 두려워하지 말고, 즐겁고, 생산적이며 과감한 약속과 일로 당신의 하루를 꽉 채워라. 목적과 목표를 두고 모든 일을 하되, 그 일들이 당신의 삶을 더 바람직한 방향으로 변화시킬 수 있도록 하라.

PART 03

성공 관리

Staying Successful

창조적 자극으로 가득 찬 세상

_ 당신이 찾으려고 노력만 한다면, 주변에 있는 모든 것이 당신에게 창조적 자극을 줄 가능성을 지니고 있다는 것을 알게 될 것이다. 그러나 적극적으로 노력하지 않으면 모든 것이 소용 없게 된다.

영감, 즉 창조적 자극은 아드레날린이 흘러나오도록 하여 어려운 시기를 싸워 이길 수 있도록 에너지를 방출시킨다. 그리고 당신을 새로운 차원으로 들어올리는데 필요한 힘이 모아질 수 있도록 해준다. 문제는 어디서 어떻게 그것을 얻고 또 유지하느냐이다.

나는 아침에 일찍 일어나므로 저녁에도 일찌감치 9시 30분까지는 잠자리에 든다. 하루는 테니스 스타 마크 필리포시스가 호주 오픈 토너먼트에서 5세트까지 가는 마라톤 경기 끝에 우승하는 것을 텔레비전으로 시청하느라, 11시 30분까지 잠들지 못한 적이 있었다.

그 이튿날 아침에도 텔레비전 방송으로 그 토너먼트의 주요 장면을 방영하기에, 출근을 할 때까지 또 지켜보고 있었다. 해설자는 그때까지도 생방송으로 테니스 시합장을 보여주고 있었다. 그런데 놀라운 것은, 아침 7시밖에 되지 않았는데 필리포시스가 어느새 연습장에 와서 공을 치고 있는 것이 아닌가.

전날 밤 나는 그의 뛰어난 기술과 운동정신, 그리고 투지에 감탄했었는데, 이른 아침에 이 장면을 보니, 감동은 더욱 커졌다. 그는 치열했던 경기가 끝난 후 기자회견을 했을 것이고, 호텔로 돌아와 새벽 1시 30분쯤 겨우 취침할 수 있었을 것이다. 그런데 아침 7시에 연습장에 나타나 더욱 완벽해지기 위해 연습을 하고 있다니!

그 모습은 내게 영감을 불러일으켰다. 필리포시스처럼 아무리 성공하고 있다고 해도, 연습을 계속하여 경기 기술을 향상시키고, 옳은 방향으로 가고 있는지 항상 점검해야 한다. 누구나 자신의 전문 기술을 끊임없이 평가하고 연마할 필요가 있다.

당신의 전문 기술에 결함이 있거나 인간관계가 좋지 않거나 생활이 체계적이지 못하다면, 그 결함을 없애기 위해 노력해야 한다. 그리고 당신이 실패한 일을 다른 사람들이 성공하고 있다면, 그들을 자세히 관찰해 보라. 그들이 어떻게 일하는지 자세히 살펴보라.

어떤 사람들이 아주 의욕적으로 자기 일을 하고 있다면, 그들의 얘기를 들어보라. 무엇이 그들에게 동기를 부여하고 있는가? 또한 그들이 불리한 입장일 때, 거기서 벗어나 다시 힘을 얻기 위해 어떻게 하는지 살펴보라.

실패는 성공의 예고편이다. 그러나 실패했을 때, 그 실패가 당신에게 영향을 끼치지 못하도록 할 수 있는가? 나 자신은 그 방법을 찾지 못했다. 그렇다면 문제는 실패를 맞이했을 때 어떻게 하면 그 상황으로부터 벗어나느냐이다.

우리 주변에는 우리에게 영감, 즉 창조적 자극을 줄 수 있는 능력을 지닌, 각계각층의 여러 사람들이 있다. 문제는 종종 우리가 색안경을 끼고 있기 때문에 그들을 알아보지 못한다는 점이다.

우리는 자라는 동안 익숙해진 세계에 갇혀 제한된 경험만을 하며 살아왔기 때문에, 더 먼 곳을 보지 못한다. 그날 아침에도 수십만의 시청자들이 필리포시스를 보았겠지만, 단지 몇 사람만 그의 행동으로부터 자극을 받았을 것이다.

우리에게 필요한 것은, 매일 적극적으로 영감을 얻기 위한 노력이다. 그 출처가 책, 테이프, 텔레비전, 인터넷, 또는 마주 보며 커피를 들고 있는 사람일 수도 있다. 당신이 찾으려고 노력만 한다면, 주변에 있는 모든 것이 당신에게 창조적 자극을 줄 가능성을 지니고 있다는 것을 알게 될 것이다. 그러나 적극적으로 노력하지 않으면 모든 것이 소용이 없게 된다.

어떤 사람들은 남들에게 영감을 불러일으키는 특별한 재능을 가지고 있다. 내 친구 중에 사업가인 로드니 아들러가 바로 그런 사람이다. 그는 인간에 관해 대단한 전문가이다. 그는 사람들이 저마다 바라는 것을 얻기 위해 최선의 능력을 발휘하도록 만들어 주는데, 특출한 재능을 가지고 있다.

그는 럭비 코치가 하프타임 동안 선수들에게 해주는 역할을 사업에 적용하고 있다. 즉, 좀 더 힘을 내어 올바른 방향으로 집중하도록 분발시키는 것이다.

창조적 자극을 얻기 위해 꼭 로드니 아들러와 같은 사람만 만날 필요는 없다. 당신이 영감을 받을 준비만 되어있다면, 당신이 만나는 많은 사람들로부터 영감을 받을 수 있다.

종종 나는 부하 직원들로부터 영감을 받곤 한다. 6개월째 무직 상태에서 여러 번 퇴짜를 당한 사람들이 나에게 취직을 시켜달라고 부탁하는 경우 역시, 용기를 북돋우는 계기가 된다.

영감의 원천은 모든 곳에 산재해 있다. 그것을 찾는 것이 습관이 되게 하라. 그렇게 하다 보면, 성공하게 될 것이고 그 성공을 유지하는 것이 더 어려운 일이라는 것을 홀연히 깨닫게 될 것이다.

자기 자신을 감사監査하라

_ 사람들은 매년 정기적으로 자동차 정비소에 가서 엔진, 타이어, 차체 등을 점검한다. 그런데 정작 무엇보다 더 중요한 자산인 자기 자신은 몇 년 동안이고 한 번도 감사나 점검을 받지 않은 채 지내고 있다.

회사들은 해마다 재무감사를 받는다. 감사의 목적은 수입과 지출 등 제반 사항이 제대로 관리되었는지 점검하는 것인데, 감사는 문제를 발견하여 회사 운영을 정상으로 돌려놓게 하는데 도움이 된다.

마찬가지로 대부분의 사람들은 매년 정기적으로 자동차 정비소에 가서 엔진, 타이어, 차체 등을 점검한다. 그런데 정작 무엇보다 더 중요한 자산인 자기 자신은 몇 년 동안이고 한 번도 감사나 점검을 받지 않은 채 지내고 있다.

지금 몇 분 동안만이라도 자동차를 점검하듯이 시간을 들여 자기 삶의 중요한 부분을 점검해 보도록 권하고 싶다. 제대로 최상의 상태로 가동 중인지 점검하고, 만약 조정이 필요하다면 지금 당장 그렇게 해야 한다.

큰 돌부터 점검하라

우선 건강, 몸매, 인간관계, 마음의 평안, 자기개발, 직업 및 재정 상태를 점검하라. 이런 부분이 잘 관리해야 하는 '큰 돌'에 속하는 것들이다.

잠깐 시간을 내어 각 항목에 대하여 최하 점수 0에서 최고 점수 10까지 점수를 매겨보라. 매정할 정도로 솔직하게 점수를 매겨보기 바란다. 그래야만 어느 부분은 잘 되고 있고 어느 부분은 개선이 필요한지 쉽게 알 수 있다.

위에서 말한 중요한 부분에 대해 자기 점검이 끝나면, 그 결과를 검토해 보기 바란다. 10점 만점에 8점 미만인 부분에 동그라미표를 하라. 어떤 사람은 동그라미가 하나 밖에 없는 경우도 있을 것이다. 그런데 자신이 삶에서 중요하다고 생각하는 몇 가지 부분이 4점 혹은 5점밖에 안 되는 경우, 놀랍고도 두려울 수밖에 없으리라.

다음 순서가 더 중요하다. 각 부분 옆에 10점 만점이 되기 위해 무엇을 해야 하는지 적어보기 바란다. 예를 들어, 담배를 피우기 때문에 건강과 몸매 부분에서 4점밖에 받지 못했다면 '담배 끊기'를 적어놓고, 실천했을 때 당장 7점으로 올리면 된다. 또 '매일 30분씩 운동'이라고 적어 넣고, 그 습관이 정착되었을 때 8점으로 점수를 상향 조정 할 수도 있다. 이러한 경우 단지 두 가지 행동을 실천함으로써 건강과 몸매가 두 배 향상될 것이다.

위와 같이 간단하지만 효력이 있는 '자기 점검'을 매년 몇 번 정도씩 실시하면 아주 이상적인 삶이 되리라고 생각한다.

큰 돌 점검하기

* 건강
* 몸매
* 인간관계
* 마음의 평안
* 자기개발
* 직업
* 재정 상태

자신의 습관을 평가하라

'큰 돌' 다음으로 당신의 중요한 일상 습관을 들여다보자. 나는 세미나를 진행하며 참석자들에게 자신을 스스로 평가해 보라고 한다. 그리고 성공에 필요한 열 가지 사항을 적어보도록 한다. 태도, 시간 관리, 목표 설정, 집중 등등의 항목들이 나온다.

성공하지 못한 원인을 외부 환경이나 남 탓이라고 핑계를 대고 싶다면, 그러기 전에 우선 자기 자신을 살펴보기 바란다.

왜 시간 관리에서 10점 만점에 5점밖에 되지 않는지, 언제까지 그런 상태를 감내할 것인지, 스스로에게 물어보라.

또한 태도에 있어서 자신에게 6점을 줄 수밖에 없을 수도 있다. 올바른 태도를 갖는 것은 참으로 중요한 것인데 자신이 6점밖에 받지 못한 것이다. 언제 이 상태를 개선할 것인가?

여기 아주 중요한 유의사항이 있다. 그것은 자기평가에만 의존하지 말라는 것이다. 두 세 명의 가까운 친구나 동료들에게 당신을 좀 점검해 달라고 부탁해 보라.

그들에게 0에서 10점에 이르는 척도를 사용하여 다음 항목들에 관하여, 당신이 기분 상할까봐 걱정하지 말고, 솔직하게 평가해 달라고 부탁해 보라.

* 몸가짐과 자기표현
* 태도
* 자기관리
* 성격
* 인내력과 탄력
* 정직성
* 건강과 몸매
* 남에게 위임하는 능력
* 커뮤니케이션 기술(남의 말 경청하기 포함)
* 실천력

만약 당신을 잘 알고 솔직하게 평가해 줄 수만 있다면 누구든지 상관없다. 배우자, 자녀, 상관, 부모, 친한 친구 등이 있을 수 있겠다. 한 명 밖에 없어도 괜찮다. 두 세 명이 이상적이지만, 안되면 한 명이라도 좋다.

8점 미만의 점수에 대하여는 조치가 필요하다. 평가해 준 사람에게 그렇게 평가한 이유를 설명해 달라고 요청하라. 처음과 마찬가지로 솔직히 답변해 달라고 부탁하라. 이러한 평가와 보완은 아주 중요하다. 이렇게 함으로써 자신을 정확히 파악할 수 있다.

그런데 여기서 그치면 안 된다. 보통 두, 세 가지 정도쯤 되는 취약점에 초점을 맞추고, 그 분야에 정통한 사람들을 만나보기 바란다.

예를 들어 인내력이 부족한 것으로 평가되었는데 다행히 아는 사람들 중에 인내력을 통해 큰 성공을 거둔 사람이 있다면 그 사람을 직접 만나보기 바란다. 아니면 책이나 인터넷을 보고 그런 사람들을 찾아내어, 그들의 경험담을 통해 본받고 취약점을 개선할 수 있는 방법을 강구하기 바란다.

당신의 사고를 개선하는 제일 좋은 방법은, 다른 사람들이 당신의 아이디어와 생각을 비평하도록 하게 하는 것이다. 바로 이 때문에 유명한 사업가들이 코치나 멘토mentor를 활용하는 것이다. 이것은 운동을 위해 개인적으로 트레이너를 두는 것과 같은 이치이다.

개인 트레이너는 각자의 조건에 맞는 최선의 수준까지 도달할 수 있도록 도와줄 것이다. 혼자 해보려고 하면 게을러지기 쉽고 안이한 방법만 찾게 된다. 그러나 높은 수준의 실력을 갖추고 당신을 집중적으로 이끌어줄 사람과 함께 나아가면, 틀림없이 할 수 있는 최상의 상태까지 다다를 수 있게 될 것이다.

정신력에 있어서도 마찬가지다. 모질고 신랄한 질문들을 받고 단련됨으로써, 우리의 사고방식은 새로운 차원으로 도약할 수 있게 된다.

마이클 존슨도 코치가 있다

마이클 존슨 같은 정상의 육상선수에게 왜 코치가 필요할까? 그 정도 되면 단거리에 관한 모든 기술을 이미 알고 있을 텐데, 과연 코치에게 더 배울 것이 있겠는가?

간단히 대답하면, 마이클 존슨이라 하더라도 자신을 정확히 판단할 수 없기 때문이다. 그래서 그를 객관적으로 관찰하여 잘못을 확인하고 개선할 수 있는 방법을 제시하는 코치가 필요하다. 아마 그에게는 운동경기 코치, 정신력 코치, 영양 전문가 등, 여러 명의 코치가 있을 것이다.

이처럼 마이클 존슨과 같이 세계 정상의 운동선수들도 코치가 필요한데, 다른 사람들도 당연히 코치가 있어야 되지 않을까? 물론이다. 나도 사업을 하는 동안 계속 코치들을 활용해 왔다. 그들로부터 솔직한 의견과 객관적인 평가와 조언을 받고, 업무수행 능력을 향상시키기 위한 지식을 공급받아왔다.

책을 쓰고 있는 지금도 나는 두 명의 코치로부터 도움을 받고 있다. 그들은 각자 역할이 다른데, 한 명은 정신력과 감성 증진을 지도해 준다. 그래서 나는 그를 '인생 코치'라고 부른다. 우리는 석 달에 한 번씩 만난다.

또 다른 코치는 일상 업무수행 상태를 평가해주며 조언을 해준다. 그와는 매주 한 번씩 만난다. 우리는 마주 앉아 지난 일주일 동안 내가 수행한 업무에 대하여 점검하고 평가한다.

설정해둔 원래 목표들을 재검토하고, 그 중에서 얼마나 성취했는지 점검하며, 성취가 미달된 부분에 대해 그 원인을 분석한다. 그리고 목표 자체를 조정할 필요가 있는지, 앞으로 목표는 어떻게 설정해야 하는지 등을 의논한다.

이런 종류의 코치는 요즘 기업인들에게 점점 확산되고 있다. 호주에 있는 대기업 중에서 상당수의 CEO들이 자신들의 업무수행 상태를 점검하고 평가하며 조언을 해주는 멘토를 두고 있다. 그중에 자기 자신에게 냉철하게 질문하고, 거기 대해 솔직하고 정확한 대답을 할 수 있는 사람들이 있을지도 모른다. 그러나 우리 대부분은 누군가 다른 사람이 그런 역할을 해주는 편이 도움이 되는 경우가 더 많다.

개인 네트워크를 활용하라

당신을 위한 코치가 보수를 받고 일하는 전문가일 필요는 없다. 당신과 가깝고 그의 의견을 당신이 존중할 수 있는 사람이면 된다. 서로 동등한 위치에 있는 사람일 수도 있다.

친구나 친척, 또는 직장 동료로 쉽게 만날 수 있으며, 마음 편히 함께 시간을 보낼 수 있고, 사적인 생각을 기꺼이 나누며, 지속적으로 이 상호 코치 관계를 유지할 수 있는 사람이면 된다. 서로 돕는 관계를 맺는 것이다.

중요한 것은 정기적으로 만나야 한다는 점이다. 매주 또는 매달 만나서 함께 커피나 차를 마시며 그동안 해 온 것들에 대해 함께 검토해 보도록 한다. 정기적인 만남을 주장하는 이유는, 적당히 가끔 불규칙적으로 만나게 되면, 세월이 흐르는 동안 모든 것들이 그냥 그대로 흘러가버릴 수 있기 때문이다.

일기장에 표시하고 꼭 지키고자 하는 의지가 꺾이지 않도록, 정기적으로 검토를 해야 한다. 그리고 일정한 시차를 두고 자신의 성과를 따지는 질문들을 자신에게 할 필요가 있다. 제대로 가고 있는가? 어떤 것이 잘 되어가고 있는가? 어떤 것이 잘못 되어가고 있는가? 무엇을 새로 시작해야 하는가? 무엇을 중단해야 하는가? 계속 해야 하는 것 중에 어떤 것이 제대로 되고 있는가?

어떤 사람들은 다행히 직장에서 근무 성적을 정기적으로 평가하며 보완 조치까지 해 주기도 하지만, 대부분의 직장들은 이런 제도가 없기 때문에 직원들 스스로 검토할 수 있는 기회를 만들어야 한다.

상호 평가를 위한 만남을 정기적으로 가지는 것이 좋은 또 다른 이유는, 그렇게 함으로써 현재 가지고 있는 문제를 보다 명확히 알 수 있다는 점이다. 사람들은 너무 많은 것들을 머릿속에서만 굴리는 경향이 있다. 이것은 혼란을 가져온다. 어떤 문제가 계속 당신 머릿속에서만 맴돌고 있으면 명확한 모습을 알 수 없다.

그런데 다른 사람에게 얘기를 해야 한다고 장치를 해놓으면, 얘기를 하기 위해 당신은 그 문제를 어떤 식으로든지 정리하고 그 요점들을 집중적으로 검토할 수밖에 없게 된다. 단순히 이 과정만으로도 당신의 문제는 명확해지고 그만큼 해결이 쉬워진다.

우리 모두가 알듯이, 다른 사람의 문제를 해결하는 것이 자신의 문제를 해결하는 것보다 훨씬 쉽다. 왜 그럴까? 다른 사람의 문제는 객관적으로 그리고 총체적 관점에서 볼 수 있기 때문이다. 다른 사람이 보면 잘못이 어디 있는지 단숨에 보인다. 그런데 그 문제를 평생 안고 살아온 당신에게는 명확히 보이지 않는다.

현실과 정면으로 맞서라

앞에서 나는 목표를 설정하기 전에 자신을 제대로 평가해 볼 필요가 있다고 했다. 그리고 배우자, 자녀, 직장 상사, 부모 또는 친한 친구 같은 가까운 사람들에게 당신 삶의 중요한 부분에 관해 0점에서

10점까지 점수를 매겨줄 것을 부탁하라고 했다.

상호 평가 면담에서도 이와 똑같이 하면 된다. 상대방에게 당신의 태도, 효율성, 성격, 외모 등에 대하여 점수를 매겨달라고 하고, 상대에 대해 당신도 똑같이 해준다.

물론 서로에게 완전히 솔직해야 한다. 그렇지 않으면 이 연습은 의미가 없다. 진실을 듣기 위해서는 어느 정도의 아픔을 각오해야 한다. 그러나 그 아픔은 향상을 위한 아픔이다.

물론 상대방이 당신에 대해 하는 말이 항상 완전히 정확할 수는 없으며 결국 그의 의견일 뿐이다. 그래도 그것을 들어야 한다. 그리고 상대방이 항상 고통스러운 말만 하지는 않을 것이다. 잘하고 있다는 말을 듣고 당신이 기쁨과 자부심을 느낄 때도 있을 것이다.

모든 것을 제대로 잘해나가고 있다 해도 자신이 어느 정도 성공적인지 모르고 있으면, 더 큰 성공을 향해 매진할 의욕이 약해지기 시작한다. 따라서 누군가와 더불어 성공을 기념하고 자축하는 것도 중요한 일이다.

상호평가자나 코치와의 관계 유지를 하나의 해독 작용으로 봐도 좋다. 그 과정을 통해 자신의 삶을 오염시키고 있는 것들을 제거할 수 있기 때문이다. 그것이 나쁜 습관일 수도 있고, 건강에 해로운 섭생일 수도 있으며, 당신을 놓아주지 않는 나쁜 친구일 수도 있다.

어떤 사람들에게는 부정적인 영향을 끼치는 친구가 심각한 걸림

돌이 될 수 있다. 친구, 또는 사귀던 이성과 관계를 끊는 일이 몹시 고통스럽게 느껴질 수도 있다. 그러나 당신에게 부정적인 영향을 끼치는 사람과 계속 사귀기에는 당신의 삶은 너무나 중요하다.

한 가지 대안은 그들에게 이 문제에 관해 말을 해버리는 것이다. 예를 들어 자신의 태도를 개선하려고 노력하고 있는 중이며, 그동안 만날 때마다 이것저것 불평을 늘어놓았는데 앞으로는 그러지 않겠다는 식으로 얘기하는 것이다. 그리고 절대 다른 사람에 대하여 부정적인 말을 하지 않기로 약속을 맺는다. 한 3일 정도 연습을 하고 나서, 그 후부터 약속을 어긴 사람은 그때마다 5달러씩 벌금을 내기로 한다.

성공이란 당신이 최상의 상태가 되는 것을 뜻한다. 우리는 모두 나 아닌, 다른 사람이 되기를 바라지는 않는다. 될 수 있으면 최상의 나 자신이 되기를 갈망한다. 내가 부동산 사업을 최초로 시작하던 시절에 내 멘토 중의 한 분은 앤드류 기본스라는 아주 성공적인 부동산 중개인이었다.

그는 내 우상이었으며 닮고 싶은 모델로, 그가 가진 최대의 강점 중의 하나는 네트워킹이었다. 거의 매주 일요일마다 그의 모습을 신문에서 볼 수 있었는데 칵테일파티 장면일 때도 있고, 회의에서 연설하는 모습이거나 전시회 개막식 모습일 때도 있었다.

나는 부동산 사업에서의 그의 성공 방법을 본뜨고 싶었는데, 과연 내가 그의 놀랄만한 능력을 닮을 수 있을지 확신이 서지 않았다.

그러나 열심히 궁리한 끝에 나는 나 자신을 바꾸지 않기로 결정했다. 내가 위대한 네트워크 전문가나 사교계의 명사가 되기 바라는 것은, 그것이 비록 성공에 도움이 된다 하더라도 나에게 어울리지 않는다는 결론을 얻게 된 것이다.

그래서 천부적인 네트워크 감각이나 기술이 모자라는 만큼, 그 대신에 다른 일들을 더 잘 하기로 작정했다. 누구보다 열심히 일하고 100% 온전하게 일에 몰입하기로 결심한 것이다.

결국 나는 또 한 명의 앤드류 기본스가 되려고 하지 않았고, 지금 생각해도 그것은 옳은 선택이었다. 우리는 자신을 바꾸지 않고도 성공하거나 위대해질 수 있다.

완전한 건강을 위하여

_ 건강은 성공과 절대적인 관계가 있다고 믿는다. 사실 건강은 성공 중에서도 제1순위로 중요하다. 아무리 다른 분야에서 성공을 거두더라도 건강을 잃게 되면 무슨 의미가 있겠는가.

성공을 추구하면서도 어떤 사람들은 이 제목만 보고 성공과 관계가 없다고 결론을 맺고 지나쳐 버릴 수도 있다. 그러나 건강은 성공과 절대적인 관계가 있다.

사실 건강은 성공 중에서도 제1순위로 중요하다. 아무리 다른 분야에서 성공을 거두더라도 건강을 잃게 되면 무슨 의미가 있겠는가.

건강은 중대한 문제이다. 어쩌면 가장 중요한 문제이다. 그것은 통계적으로 입증된 사실이다. 호주 국민을 대상으로 한 다음의 충격적인 통계조사 결과를 보기 바란다.

* 호주 국민 중에 740만 명(56%)이 심각한 비만증이다.

* 지난 12개월 동안 심혈관 질환 처방 건수가 6천 60만 건이다.

* 40세 남성 두 명 중에 하나는 관상동맥 질환을 가지고 있다.

* 사망 원인의 41%가 심혈관 질환이다.

놀라운 사실이다. 그러나 다행스럽게도 건강을 유지할 수 있는 세 가지 간단한 방법이 있다. 그것은 음식 관리, 운동, 수면이다.

목표 달성을 위한 두 가지 중요한 요소가 활력과 열정이라는 것을 우리는 이미 알고 있다. 이 두 가지 모두 건강이 나쁘면 발휘하기 힘들다. 그런데도 많은 사람들이 건강은 뜻대로 되는 것이 아니라는 생각을 가지고 살아간다.

그러나 4~5 가지 간단한 방법이 습관이 되면, 질병을 퇴치할 수 있음은 물론 상위권 몇 % 안에 드는 최고로 건강한 사람이 될 수 있다.

양질의 에너지

무엇을 먹고 마시느냐가 건강의 가장 중요한 요소이다. 심지어 어떤 사람은 '대부분의 사람들이 이빨로 자신의 무덤을 파고 있다(먹어대는 것으로 죽음을 재촉하고 있다는 뜻)' 고 말한다.

어쩔 수 없어서 사용하지만 나는 '다이어트' 라는 표현을 좋아하지 않는다. 이 표현은 주로 대중잡지에서 흔히 보는 체중 감량의 의미로 사용되기 때문이다. 나는 음식 관리라는 표현이 더 좋다. 돈이나 투자도 관리한다고 하는데, 먹는 것도 관리한다고 하는 표현이 옳을 것이다. 그 음식 관리의 진정한 의미는 건강한 음식 습관을 익힌다는 것이다.

음식은 우리 몸 곳곳을 움직이는 원동력이다. 마치 경기용 자동차

포뮬라 원* 운전자가 자기 차 연료 탱크에 최고급 원료만을 넣기를 고집하는 것과 같이, 우리도 우리 몸속에 들어가는 연료의 질을 적당히 양보한다는 것은 옳지 않은 일이다.

실제로 사람 몸속에 들어가는 음식물들을 보면, 방부제, 독소, 가공품 등으로 채워져 있어서 우리 사회에 대장암으로 죽는 사람들이 많은 것이 당연한 일이다.

찾아보면 양질의 식품을 선택할 수 있는 길이 넓게 열려 있는 요즘 세상에 불건전한 음식 습관은 용납될 수 없다. 사실 이 '습관' 이라는 말은 문제 해결의 실마리로 이 책의 곳곳에서 나오는 말이기도 하다. 훌륭한 음식 습관을 택하여 몸을 잘 조절하면 모든 것이 순조롭게 될 것이다.

분별력을 가지고 꾸준히 실천해 나간다면 음식 습관을 고칠 가능성이 높다. 처음부터 자기가 선택한 섭생 프로그램을 꾸준히 실천해 나갈 필요가 있으며, 그러기 위해 프로그램 진행에 무리가 있어서는 안 될 것이다. 자기가 할 수 있을 만큼 계속 유지해 나가는 것이 좋다.

커피와 초콜릿을 죽어도 다시 입에 대지 않겠다는 식으로 맹세를 해봤자 몇 주를 지속하지 못할 것이 뻔하다. 그렇게 되면 좌절감을 느끼게 되고 그 프로그램 자체를 포기하고 싶어진다.

---

* 포뮬라 원 F1: 배기량 1500 ~ 300cc의 1인승 경주용차

특별히 계획하여 단기적으로 엄격한 다이어트를 할 수는 있다. 나도 가끔씩 30일 동안 커피와 초콜릿 같은 것들은 입에 대지 않는 '세척 다이어트'를 실시하곤 한다. 그러나 그것을 영구적으로 지속하는 무모한 계획은 시도하지 않는다. 무엇이든지 장기적으로 꾸준히 실천할 수 있는 것이라야 한다.

삶의 다른 분야에서와 마찬가지로, 자기가 선택한 건강한 식이 요법에 대하여 긍정적인 태도를 가지기 바란다. 칼로리는 높으나 영양가가 낮은 페스트 푸드나 지방이 많은 음식 같은, 먹지 않기로 한 음식에 대해 미련을 가지지 말자. 먹기 시작하면 계속 먹고 싶어지기 때문이다. 그 대신 신선한 샐러드, 맛있는 야채와 과일, 그리고 싱싱한 해물 같은 좋은 음식에 집중하는 것이 좋다.

그리고 아침이나 점심을 함께 먹는 사람들에게 건강한 음식만 먹으려고 하는 당신의 결심을 알려주는 것이 좋다. 자주 가는 카페나 식당에도 당신이 좋아하는 식품의 명단을 적어주고, 주방장에게 당신이 거기 와서 먹을 때는 항상 그 명단에 있는 것들만 달라고 부탁하기 바란다. 협조를 요청하는 것이다. 그렇게 하는 것이 그들에게도 즐거운 일이 되도록 그들을 당신 계획에 동참시켜라.

식당 메뉴에 당신이 원하는 음식이 없더라고 걱정하지 말라. 나는 식당에 가서 메뉴는 거의 쳐다보지도 않는다. 그냥 파스타에다 샐러드나 삶은 야채를 얹어달라고 한다. 스파게티에 신선한 아보카도 하나, 토마토, 상추를 달라고도 할 수 있다. 메뉴에 적혀 있지 않더라도 대부분의 식당에서는 이 정도의 주문 식단은 차려줄 수 있다.

내 식생활이 영양학적으로 완벽하다고 할 수는 없다. 매일 커피를 한 잔 정도 마시며, 가끔 가다가 초콜릿 바를 하나 먹기도 한다. 또 한 주에 한 번 정도는 아이스크림도 맛있게 먹는다. 그러나 별 문제가 될 거라고 생각하지 않는다.

중요한 것은 내가 먹는 대부분의 음식이 양질의 신선한 식품이라는 점이다. 이것이 건전한 식생활의 기본 원칙이다. 먹는 음식 중 80% 정도가 양질의 음식이라면, 가끔 가다가 좋지 않은 음식이 좀 섞여도 괜찮다고 본다.

그리고 양질의 음식을 규칙적으로 섭취하게 되면 그만큼 나쁜 음식은 들어갈 틈이 없게 된다. 예를 들면 아침 식사 때마다 과일 몇 조각을 먹는다는 것이 대단한 것은 아니지만, 아무 계획 없이 식생활을 하는 사람들에게는 유용한 생활 지침이 될 수 있다. 최소한 내 경우에는 분명히 그랬다.

아침 식사

통조림이 아닌 신선한 과일 세 쪽이면 된다. 이 정도면 하루에 필요한 섬유질, 미네랄, 비타민을 충분히 섭취할 수 있다. 또 직접 짠 과일 주스를 한 잔 마신다. 신선한 과일과 야채로 만드는데, 때로는 당근이나 생강으로 만들기도 한다. 그리고 매일 아침 출근길에 카페에 들러 조간신문을 훑어보며 커피를 마신다. 커피가 몸에 좋지는 않지만, 하루 한 잔 정도 마셔서 큰일이 나는 것은 아니라고 생각한다.

점심 식사

샐러드 한 접시나 삶은 야채 한 사발에 구운 생선, 혹은 닭 날개 한 쪽을 먹는다. 샐러드와 야채를 먹는 한, 여기 곁들여 다른 걸 좀 먹어도 된다. 야채와 함께 고기가 든 파이를 먹어도 괜찮을 것이다.

다시 말하지만, 양질의 음식을 주로 먹으면 좋지 않은 음식이 약간 섞여 들어가도 우리 몸은 감당해 낸다.

저녁 식사

점심처럼 신선한 샐러드 한 접시나 삶은 야채 한 사발을 먹는데, 점심때 먹지 않았던 쪽을 선택한다. 그리고 샐러드나 야채를 음식의 주된 메뉴로 먹는다면, 다른 음식이 추가되더라도 섭생에 관해 굳이 염려하지 않아도 된다고 생각한다. 그리고 그릴에 구운 해산물 요리나 일본 음식을 주로 곁들여 먹는데, 맛도 있고 건강에도 좋다.

당장 내일부터 비타민과 미네랄이 풍부한 신선한 야채와 직접 만든 주스를 아침에 마시고 샐러드나 삶은 야채를 점심과 저녁때 먹는다면, 당신의 건강은 기초가 튼튼해질 것이다. 좋은 음식을 충분히 섭취하게 되므로, 당신의 몸은 균형을 이루게 될 것이 틀림없다.

갑자기 마스바 같은 초콜릿이 입에 당긴다면, 그것은 몸의 균형이 깨어졌기 때문이다. 힘들어서 몸의 균형을 찾는다 하더라도 여전히 고칼로리 초콜릿 같은 음식이 먹고 싶어질 때가 있을 것이다. 가끔 그럴 때가 있긴 하겠지만 그렇지 않을 때가 더 많을 것이다.

건강을 돌보기 위한 몇 가지 습관을 소개하면 아래와 같다.

1) 3분의 2 정도만 배를 채울 것

대부분의 사람들이 너무 많이 먹는다. 어렸을 때부터 '음식을 남기면 안돼' 라는 말을 들어왔기 때문에 저절로 과식하는 습관이 생겼기 때문이다. 성인이 되어서는 줄을 잇는 친목 또는 업무상 오찬을 피하기 힘든데, 그때마다 먹게 되는 음식 양이 엄청나다.

그렇다 하더라도 식사 때마다 과일이나 야채를 포함시키도록 해보라. 나는 식탁에 앉자마자 메뉴에서 샐러드를 찾아본다. 다른 걸 먹기 전에 신선한 샐러드를 먹는 것을 원칙으로 하기 때문이다. 만약 메뉴에 없으면 따로 부탁한다. 특히 과일은 매일 아침 적어도 세 쪽씩 꼭 먹는다.

2) 술을 끊거나 줄일 것

술이 많은 사람들을 망가뜨리고 있는데, 술은 '사회적으로 용인

된' 독소이기도 하고 사회생활에 필요한 약이기도 하다. 요즈음 누군가가 간 질환의 원인이 되고 사망률을 높이며 인간성을 통째로 바뀌게 하는 물질이나 용액에 투자하여 개발을 하려고 한다면, 식약청과 같은 관계 당국에서 결코 승인하지 않을 것이다.

나는 어려서부터의 운동선수 생활을 했으며, 술로 인해 아버지께서 갑자기 돌아가셨기 때문에 선택의 여지없이 지금까지 전혀 술을 입에 대지 않고 살아왔다. 여러분도 술을 완전히 끊을 수는 없다하더라도, 마시는 양이나 빈도를 줄일 수는 있다.

예를 들면 한 가지 요일을 정해 일주일 중의 하루만 술을 마실 수 있는 날로 정해 두기 바란다. 그리고 취하기 전까지만 마시는 것이다. '취했다' 라는 말은 실제로 '음독했다' 라는 말과 같다는 사실을 명심하라!

3) 매일 2리터 이상 생수를 마실 것

인체는 대부분 물로 채워져 있다. 몸은 물을 좋아한다. 그리고 매일 규칙적으로 물을 마심으로써 지속적인 해독작용이 봄철 대청소하듯이 매일 왕성하게 이루어진다.

4) 담배를 절대로 피우지 말 것

담배를 피우면 지능이 감퇴한다. 흡연은 줄여서 될 문제가 아니다.

완전히 끊어야 한다.

5) 마약을 복용하지 말 것

나는 마약을 증오한다. 마약이야말로 우리 사회가 지닌 비극 중의 비극이라고 생각한다. 불행하게도 어떤 사람들은 '오락 삼아' 또는 '사교상' 먹을 수 있는 것과, 정말 먹어서는 안 되는 '나쁜 것' 으로 편리하게 구분해 두고, 적당히 유혹에 넘어가는 경향이 있다.

그러나 마약은 다 나쁜 것이다. 완전히 끊어야 한다. 따라서 마약에 허용 기준이 있어서 적당히 먹는 것은 괜찮은 것처럼 유혹하는 광고를 극히 조심해야 한다.

6) 완전가공식품이나 고당분의 음식은 피할 것

나는 흰 빵을 즐겨먹는다. 맛도 있는데다 이것 말고는 대부분 가려가며 식생활을 하기 때문에 이 정도는 괜찮다고 생각한다. 그러나 여전히 나는 통조림, 가공 또는 저장 식품 대신 '살아있는 식품' 에 절대적인 비중을 두고 식생활을 할 것을 주장한다.

나는 깡통에 든 식품은 절대로 먹지 않는다. 식탁에 오르기까지 보존하기 위해 통조림을 만드는 과정에서 화학약품을 잔뜩 집어넣는다는 것을 알기 때문이다. 또한 가공음료수도 마시지 않는다. 설탕과 화학성분으로 완전히 채워져 있기 때문이다.

7) 시간의 2%는 몸 관리에 투자할 것

한 주는 168시간으로 되어있다. 그 중 세 시간만 몸 관리에 투자하면 된다. 하루 30분 정도, 매주 6일씩 그렇게 하면 좋은 몸매를 유지할 수 있다. 또한 그것 자체가 즐거움이 된다.

어렸을 때를 생각해 보라. 하루종일 운동장이나 공원, 또는 집안에서 무절제하게 에너지를 소모하며 돌아다녔을 것이다. 그러다가 어른들로부터 통제를 받게 되었고, 쓸데없이 기력을 탕진하며 쏘다니지 말고 얌전히 앉아서 어린이 프로그램이나 보라는 소리를 들었을 것이다. 그 결과 앉은뱅이 같은 생활 습관에 쉽게 길들여져 버렸을 수도 있다.

그런데 사람은 에너지를 발산하며 살아 갈 수 있어야 한다. 활동적인 사람이 되라. 나는 여간해서 엘리베이터를 타지 않는다. 타기가 겁이 나서가 아니라 운동을 하기 위해 어디를 가든지 5층 정도는 걸어서 올라간다. 이것도 상당한 운동이 된다. 또한 터치 풋볼도 즐긴다. 그건 운동이라기보다는 즐기기 위한 게임이며, 동시에 근육에도 활력을 준다.

매일 아침 20~40분 정도 운동을 할 것을 권한다. 저녁보다 아침이 더 좋은 이유가 몇 가지 있다. 우선 방해를 받지 않고 완전히 끝마칠 수 있다는 점이다. 마음을 굳게 먹고 일과 후에 운동을 하겠다고 작정하지만, 실제로는 이것저것 다른 일들이 끼어들어 결국은 시작도 못하게 되거나, 하다가 중단하는 사태가 자주 벌어지게 된다.

현실을 감안하여 생활해야 한다. 중요한 일들을 제대로 다 해내기 위해서는 현실적으로 일정을 조절해야 한다. 나는 아침 5시 15분에 운동을 시작해 6시경에 끝마친다. 6시 30분까지는 샤워를 한 후 옷을 갈아입고, 대부분의 사람들이 잠이 깨기 전에 한 걸음 앞서 일과를 시작한다.

하루의 시작부터 기분이 만점이고 이로써 또다시 내 일과의 중요한 부분이 완성된 것이다. 이것이 내가 아침에 운동을 하는 두 번째 이유이다. 이렇게 하면 정신이 최상의 상태가 되어 하루종일 예리하고 상쾌한 기분을 유지할 수 있게 된다.

운동이 이롭다고 해서 고통스러울 만큼 하라고는 하지 않겠다. 그 반대다. 운동이 상쾌한 정도를 넘어서면 몸을 혹사하게 된다. 과도한 운동으로 인한 스트레스는 결국 운동의 결과를 허사로 만든다.

따라서 즐길 수 있는 운동을 하되 과도하게 하지 않아야 한다. 뛰기를 즐기는 것은 좋은데, 적당한 정도로 뛰기 바란다. 걷기, 댄스, 자전거 타기, 롤러스케이트, 요가 등등 당신이 좋아서 하는 운동에 다 적용되는 말이다. 하되, 적당히 하라.

수면은 재충전의 시간이다

대부분의 사람들이 수면의 중요성을 과소평가하는 잘못을 범한다. 시간 낭비라고 생각해 되도록이면 수면시간을 최소한으로 줄이려고 한다. 여기서 '최소한'이란 보통 다섯 시간 정도를 뜻한다.

나 또한 누구 못지않게 바쁜 사람이지만 적어도 일곱 시간, 될 수 있으면 여덟 시간 동안 잔다. 매일 나는 12시간 동안 정말 열심히 일하는데 그렇게 할 수 있는 까닭은 수면을 통해서 정신적으로나 육체적으로 회복할 수 있기 때문이다.

많은 사람들이 밤낮을 가리지 않고 힘들여 일한다. 그러면서 왜 몸이 제대로 말을 듣지 않고, 주저앉아 버리게 되는지 이해하지 못한다. 자동차도 하루에 19시간 몰면서 돌보지 않으면, 제대로 작동할 수 없게 된다.

수면은 몸이 매일 자신을 회복시키고 재충전할 수 있게 하는 중요한 기회다. 그렇게 중요한 수면의 질을 높이기 위해 우리는 최선을 다해야 한다.

내게는 수면을 잘하기 위한 특별한 습관이 있다. 잠자리에 들기 전에 따뜻한 물로 샤워를 하고, 침대 가까이 라벤더 향을 피우고, 완전히 소등을 한 후에 깊은 잠에 빠진다. 각자 자신에게 알맞는 습관을 찾으면 된다. 어쨌든 수면은 건강의 중요한 열쇠이니 우물쭈물 소홀히 넘기지 않도록 하기 바란다.

스트레스가 없어야 마음의 평화가 온다

이 책에서 내가 말하는 스트레스란 특정한 외부 자극에 대한 반응을 뜻한다. 예를 들면 시험을 치르는 것도 스트레스다. 어떤 사람은 시험을 치를수록 힘이 나는가 하면, 어떤 사람들은 시험 때문에 녹초가 된다. 축구 최종결승전도 또 한 가지 예다. 어떤 사람은 그 시즌 동안 최종결승전에서 제일 잘 뛰는가 하면, 어떤 사람들은 죽을 쑨다. 이 모든 것이 어떤 일에 대하여 어떻게 반응하느냐에 달렸다.

중요한 것은 스트레스가 불가항력의 외부 세력이 아니라는 사실을 인식하는 것이다. 스트레스는 우리 자신에게 달렸다. 따라서 우리는 자신의 사고방식을 바꿈으로써 스트레스를 제거할 수 있어야 한다. 물론 스트레스의 원인에 따라 대응도 달라져야 할 것이다.

사람들은 부동산 사업이 아주 스트레스가 많이 쌓이는 사업이라고 생각한다. 나는 판매직원들에게 스트레스는 다가오는 일에 대하여 제대로 대비를 하지 않았기 때문에 생기는 것이라고 말한다.

일에 일정한 규칙이 있고 그 규칙을 성실히 준수한다면, 즉 고객들에게 매일 전화를 걸고, 약속을 제 때 지키고, 뒤처리를 충실하게 하는 등, 평소에 제대로만 하면 부동산업은 결코 스트레스를 많이 받는 직업이 아니다.

다른 분야의 일도 마찬가지라고 말할 수 있다. 당신의 직업이 무엇이든지, 고객이 전화통에 대고 악을 쓴다는 것은 당신이 주문받은 것을 정확히 처리하지 못했거나, 때맞춰 정보를 제공하지 않았거나,

다른 식으로 뭔가를 잘못했기 때문이다. 상대방이 얼토당토않게 화를 낸다고 하더라도 그 일이 당신에게 스트레스가 되지 않을 수도 있다. 그것은 선택의 문제이다.

우리 생활에서 스트레스를 줄이거나 없애는 노력이 중요한 이유는, 스트레스가 건강에 해롭기 때문이다. 자연건강요법 전문가에게 건강문제로 상담을 하면, 가장 먼저 묻는 질문이 스트레스를 많이 받으면서 사느냐는 것이다. '그렇다'라고 대답하면, 스트레스가 만병의 근원이므로 그 원인부터 제거해야 한다고 충고할 것이다.

노만 코신스라는 미국 의사는 심리 상태가 육체의 상태에 영향을 미친다는 이론을 개척한 사람이다. 신경쇠약 증세로 고생한 그는 소리 내어 크게 웃는 것이 증세를 완화시켜 준다는 사실을 발견했다. 그 결과 그는 스트레스의 정체를 포착한 것이다. 사실 웃으면서 스트레스를 느낀다는 것은 불가능한 일이다.

스트레스는 나날의 업무수행 능력에 부정적인 영향을 미친다. 긴장이 되고 스트레스가 쌓이게 되면 최상의 성과를 낼 수 없다. 마이클 존슨처럼 세계적인 육상선수들의 예를 들어보자.

그들이 달리는 모습을 보면 참으로 유연하다. 마이클 존슨은 끊임없이 자신을 향상시켜 나가고 있다. 그는 승리에 대해 강한 집념을 가지고 있다. 그런데도 스트레스를 받을 정도로 욕심을 부리지는 않는다.

이것이 우리 모두가 지켜야 할 선이다. 스트레스를 받지 않으려면 보다 나아지기 위해 최선을 다하되 계속 유연한 자세를 유지할 수 있어야 한다. 그래야만 최고의 성과를 이룰 수 있다.

만약 당신이 스트레스를 받으며 살고 있다면 그 정체를 확인하라. 일주일 동안 당신을 괴롭혔던 것들, 당신을 불편하게 했던 것들을 모조리 적어 보라. 그런 다음, 그것들이 더 이상 스트레스가 되지 않도록 하나하나씩 모두 제거하는 방법을 찾아보거나, 아니면 당신의 태도를 바꿀 수 있는 대책을 강구하라.

업무 관련 스트레스의 원인이 되는 것 중의 하나는, 상사와의 관계이다. 부동산업을 시작하여 처음 대하게 된 사장을 나는 싫어했다. 그 이유는 그가 책임 추궁을 하기 때문이었다.

출근하면 사장은 전날 지시한 네 가지 일을 다 했느냐고 따졌는데, 보통 나는 두 가지 정도를 해놓은 상태였다. 그러면 사장은 닦달을 했고 나는 스트레스를 받았다. 결국 나는 스트레스가 사장에게서 오는 것이 아니라, 나 자신 때문이라는 것을 깨달았다. 내가 해야 할 일을 하지 않았기 때문에 생긴 스트레스였던 것이다.

그때부터 나는 지시받은 일은 물론, 그보다 더 많은 일을 다 하기 시작했다. 그러자 사장과의 관계가 변했다. 스트레스는 사라졌고, 그 사장은 지금까지도 나와 절친한 사이를 유지하고 있다.

스트레스가 없다는 것은 마음의 평화를 의미하는데, 마음의 평화야말로 성공하는 사람들의 필수적인 조건이라고 생각한다. 문제가 있을 때마다 고민하고 스트레스를 받으며 살아가는 사람은 아무리 돈을 많이 번다고 해도 성공적인 사람들이라고 할 수 없다.

매일 우리가 해결해야 하는 문제들은 우리를 그만큼 성장시켜 주기 때문에, 스트레스를 완전히 배제하며 살 수는 없다. 그러나 스트레스와 고민이 우리 삶을 지배하게 해서는 안된다.

MEMO

건강은 당신이 가진 가장 소중한 자산이다. 질 좋은 음식, 적당한 운동, 그리고 편안한 잠은 최상의 컨디션을 유지하기 위한 필수 조건들이다.

착한 사람은 꼴찌만 한다고?

＿ 사업가들 중에는 다른 사람들을 밀쳐내고 돈을 버는 사람들이 분명히 있다. 그러나 그것은 드문 경우이며, 그렇게 성공했다 하더라도 결코 오래 가지 못한다. 내가 주장하고 싶은 것은, 본질적으로 품위가 있고 정직하지 못하면 사업의 장기적인 성공은 불가능하다는 것이다.

'착한 사람들은 꼴찌만 하기 마련이다' 라는 말이 있다. 많은 사람들이 그 말이 사실이라고 믿고 있다. 때로는 그럴지도 모르겠다. 그러나 사업을 할 때 가장 중요한 것은 무엇보다 정직함이다.

정상에 올라 그 정상을 계속 유지하는 사람들은 전형적으로 부하, 고객, 투자자들을 잘 챙겨주는 온전한 인격을 갖춘 사람들이다. 그 사람이 강인하지 않다는 말이 아니라, 냉혹하지 않다는 말이다.

여기서 '냉혹하다' 는 뜻은 수익에 따라 보너스를 받을 때, 자신이 더 많은 보너스를 챙기기 위해 부하 직원을 두세 명 감원시키는 따위의 처사를 말한다. 그리고 내가 말하는 '강인하다' 라는 뜻은, 당장은 고통이 따른다 하더라도 모든 사람들을 위해 공정하고 공평한 결정을 내리는 것을 뜻한다.

정직하고 품위가 있으면서 정상에 오른 사업가들은 참으로 많다.

이 말을 하려고 하니 맥도날드 회사의 호주 대표였던 피터 리치가 먼저 떠오른다. 그는 최근 들어 호주에서 가장 성공한 사람 중에 속하고, 내가 만난 사람 중에서 가장 훌륭한 인격을 지닌 사람 중에서 한 사람이기도 하다.

이런 사람들을 주목하고 본받아야 한다. 사업가들 중에는 다른 사람들을 밀쳐내고 돈을 버는 사람들이 분명히 있다. 그러나 그것은 드문 경우이며, 그렇게 성공했다 하더라도 결코 오래가지 못한다. 내가 주장하고 싶은 것은, 본질적으로 품위가 있고 정직하지 못하면 사업의 장기적인 성공은 불가능하다는 것이다.

온전한 인격이 성공을 이룬다

최근 한 세미나에서 사업에 가장 적합한 성품이 어떤 것이냐는 질문을 받았다. 그래서 나는 정직함과 온전한 인격이라고 대답했다. 그것은 흔들리지 않는 나의 신념이다. 사업을 하면서 사람들이 가장 원하는 것은 정직한 거래와 정직한 말이다.

그럼에도 불구하고 각종 사업에서 이 말은 통하지 않는다. 특히 부동산 업계에서는 더 그렇다. 사실을 왜곡하고 사탕발림 하거나 숨기기를 잘하기 때문이다. 너무나 능숙하게 하기 때문에 상대방이 모른 채 넘어갈 수도 있으련만, 대부분의 경우 알아채고 경계하게 된다.

사람들은 정직함을 높이 산다. 나는 이 사실을 부동산 판매를 시작하면서부터 알았다. 고객이 진정으로 바라는 것은 정직한 거래다. 내가 해 온 일은 고객들에게 정직하게 대하고, 그렇게 끝까지 마무리를 잘하는 것이었다.

사실 어려울 것이 없는 일이다. 나는 부동산을 사려고 하는 고객들에게 반드시 해당 부동산의 결점부터 말해 준다. 그러면 그들은 언제나 좋은 반응을 보인다. 아마도 나의 그런 정직함이 신선하게 여겨졌기 때문이었을 것이다.

집을 판매하는 경우, 나는 집을 사려는 고객에게 그 집이 가지고 있는 몇 가지 결함에 대하여 말한다. 내가 보여주는 집을 어떤 부부가 마음에 든다고 하면, 나는 그들에게 '결정하시기 전에 몇 가지 알아야 할 것들이 있습니다' 라고 말한 후, 그 집 벽에 습기가 차오르는 부분을 보여준다.

그들이 그게 큰 문제가 되느냐고 물으면, 큰 문제는 아니라고 답한다. 이미 건축업자로부터 500달러면 충분히 수리할 수 있다는 견적을 받아놓았던 것이다. 전체 매입가에 비하면 그것은 대단한 비용이 아니기 때문에, 그들은 구애받지 않고 집을 사려고 한다.

이번에는 집 뒤로 데리고 가서 사다리를 오르게 한 다음, 달개지붕(원래 있던 건물에 잇대어 지은 지붕의 녹슨 부분)을 보여주면서 말한다. "4, 5년 지나면 돈을 좀 들여서 이걸 교체해야 할 것입니다. 미리 알아두시는 것이 좋겠습니다."

이런 식으로 대하면 사람들은 정말 호의적인 반응을 보인다. 그들은 그 집을 살 뿐만 아니라 그렇게 솔직한 나를 좋아하게 되고, 아는 사람이 집을 사겠다고 하면 꼭 나에게 소개해준다. 내가 정직한 거래를 하는 사람이라는 것을 알았기 때문이다.

정직함은 비록 지나치게 정직한 경우라 하더라도, 거래를 망치는 일은 없다. 오히려 거래를 더 신뢰할 수 있게 해주는 경우가 많다.

그런데 위에서와는 반대로, 집을 사려는 사람들은 대개 그 집의 결함을 먼저 찾아낸다. 이를테면 그들이 먼저 건축가를 끌어들여 벽의 습기와 지붕의 녹슨 곳을 발견하는 것이다. 이렇게 되면, 집에 관한 당신의 다른 말까지도 신뢰를 얻지 못하게 될 것이다.

인간적으로 대하라

얼마 전 업계의 한 중진이 자기는 사업상의 결정에 절대로 사적인 관계를 개입시키지 않는다고 말한 것으로 알려졌다. 나는 그것이 낡은 관념이라고 생각한다. 세상은 변하고 있으며, 사적인 관계와 공적인 관계를 확연히 구분하는 것이 불가능해지고 있기 때문이다. 사람들은 직감적이고 개인적인 접근이 경영에 더욱 더 효과적이라고 점점 생각을 바꾸고 있다. 당신도 고객이나 직원들과 좋은 인간적 관계를 맺을 필요가 있다. 나는 매일 10시 무렵이면 회사를 한 바퀴 돌면서 되도록 많은 직원들과 인사를 나누고, 일하는 모습을 살핀다.

이것을 '둘러보는 경영' 이라고 부른다. 나는 최고경영자로서 회사의 모든 측면들을 실제로 보살피고 직원들도 정기적으로 나를 대하는 것이 중요하다고 생각한다.

앞서 맥도날드사의 피터 리치를 언급했을 때 나는 인간적인 관계를 염두에 두고 한 말이다. 그의 사업 성공의 비결은 그가 인간관계의 달인이었다는 사실에 있다고 본다. 그는 큰일을 이루기 위해서는 사람들이 자신의 비전에 공감하게 해야 한다는 것을 알고 있다.

그는 사람 키우기를 좋아한다. 자기 회사 부서 책임자들이건, 프랜차이즈 업자들이건, 고객이건 간에 그는 주위 사람들이 어제보다 더 나은 상태가 되도록 이끌어 주는 것을 좋아한다. 그는 사람들이 성공하도록 격려한다. 그리고 성공하는 경우에 인정해 주며 축하를 한다. 그뿐만 아니라 그 과정을 통해 주위 사람들을 더 높은 단계로 끌어올려 준다. 많은 사람들이 최고라고 손꼽을만큼 그는 정말 멋진 사람이다.

인간적 마케팅이 흔히 사업의 승패를 가름한다. 특히 사람을 상대로 하는 사업은 더 그렇다. 큰 사업장을 둘러보면, 대부분의 직원들은 평균 정도 버는데 어떤 사람들은 두세 배 더 번다. 왜 그럴까? 물론 기술과 경험이 많을수록 더 많이 벌어들인다. 그러나 최고로 벌어들이는 사람들을 보면, 회사 내에서도 인간관계 관리를 잘하는 사람들이다.

왜 같은 쇼핑센터에서 파는데 어떤 과일장사는 번창하고 다른 사람들은 실패를 하는 걸까? 과일이 더 맛있고 더 싸기 때문일까? 그럴 수도 있을 것이다. 그러나 대부분의 경우, 과일을 더 잘 진열했거나, 손님에게 더 친절하게 대하거나, 거스름돈을 줄 때도 상냥한 미소를 잊지 않았기 때문이다. 이 모든 것이 인간적 마케팅이다.

될 수 있는 한 먼 곳까지 나아갈 수 있도록, 자기 자신과 자신이 하는 사업을 마케팅 하기 바란다. 그리고 망설이지 말고 최선을 다해 자신을 밀어붙여라. 많은 사람들이 이런 전략에 익숙하지 않다. 지나치게 강요한다는 인상을 주는 것을 바라지 않기 때문이다.

그러나 방향을 바꿔 생각해 보자. 자신을 잘 보살피고, 자신의 이익을 증진시켰을 때 비로소 다른 사람을 도울 수 있는 입장이 된다는 점을 기억하기 바란다.

비행기를 타고 있는데 비상사태를 맞이하여 산소마스크가 천정에서 내려왔다고 하자. 주저하지 않고 재빨리 마스크를 착용하지 않으면, 자기 자신은 물론이거니와 다른 사람들도 도와줄 수 없게 된다. 이웃을 제대로 도와주려면 자신의 삶부터 성공적이어야 한다.

품위와 정직성, 그리고 인간관계를 동시에 유지하면서 자신의 위치를 최대한 끌어올릴 수 있도록 최선을 다하자. 그러면 어떻게 자신을 끌어올릴 수 있는가? 제일 먼저 해야 할 일은 인간적인 마케팅 전략을 짜는 것이다. 나 자신의 경험을 말해 보겠다.

처음 부동산 회사를 시작할 때 나는 업계에 거의 알려지지 않은 사람이었으며, 아는 사람들도 별로 없었다. 그리고 광고를 할 돈도 없었으며, 특징도 없었다. 그래서 아무것도 없는 상태에서 인간적 마케팅 전략을 세웠다.

전략은 단순히 어느 부동산 업자보다 더 나은 서비스를 제공하는 것이었다. 그리고 고객들에게 환상적인 서비스를 제공해 나를 만난 모든 사람들이 '오늘 나는 태어나서 최고의 서비스를 경험했어요'라는 말이 나오도록 하는 것이, 그 목표였다.

그것은 시행하는데 별로 어려울 게 없어 보이는 전략이었다. 고객들이 원하는 것은 뻔하다. 그들이 원하는 것은 정직한 거래와 양질의 정보이며, 자기가 하는 말을 귀담아 듣고 자기를 잘 보살펴주는 것이기 때문이다.

상품설명회에서 부동산 중개업자들을 보면, 돈만 눈에 보이는 것처럼 느껴질 것이다. 사실 중개업자들은 거래가 성립되면 중개료를 얼마나 받을까 하는 데만 신경을 쓰고 있다. 고객들은 그걸 다 눈치채고 있다. 만약 내가 어떤 사람에게 집을 팔면 중개료를 3천 달러밖에 못 받지만 다른 사람에게 팔면 1만 달러를 받을 수 있을 것이라는 생각에 얽매어 있었다면, 지금의 내가 되지는 못했을 것이다.

내 전략은 맞아떨어졌다. 사람들은 나의 서비스를 좋아했고, 아는 사람들에게 그 말을 하면 그 말을 들은 사람들은 또 다른 사람들에게 그 말을 하는 식으로, 나의 거래망은 금방 확대되기 시작했다.

당신을 성공적으로 알리기 위해 반드시 지명도가 높을 필요는 없다. PR 전문가를 통해 보도 자료를 배포하거나 잡지나 텔레비전과 인터뷰를 할 필요도 없다.

당신이 백화점 판매사원이라고 가정하자. 당신의 인간적 마케팅 전략은, 손님을 상냥하고 정직하게 대함으로써 판매장에 오는 모든 사람들이 하루종일 기분 좋게 지내도록 하는 것일 수 있다. 그렇게만 한다면 당신의 탁월한 서비스는 백화점 안팎에 알려지고, 이로 인해 여러 가지 좋은 일들이 당신에게 생기게 될 것이다.

몇 년 전에 텔레비전 방송국 기자인 친구가 이스트 시드니에 있는 집을 팔기로 결정했다. 그러나 그 거래를 내게 맡기는 것을 주저하는 눈치였다. 평소 그녀와의 사업관계를 생각하지 않더라도 우리 회사의 판매 전략이 우수하고 그 누구보다 그 거래를 잘 성사시킬 수 있다고 믿고 있었기 때문에 그런 그녀의 태도를 이해하기 어려웠다.

트레이시가 결국 그 일을 우리에게 맡기긴 했지만 처음에 왜 그렇게 망설였는지에 대한 궁금증이 계속 사라지지 않아 그 이유를 물어보았다. 그녀는 엘리자베스 베이에 있는 작은 부동산 중개업소에서 일하는 젊은 직원을 만났는데, 그의 훌륭한 매너와 정직하고 신뢰감을 주는 태도가 아주 맘에 들었고 서비스 또한 훌륭했기 때문에 그에게 중개를 맡기고 싶은 충동을 느꼈다는 것이다.

나는 그 젊은 친구의 이름을 적어두었다가 트레이시가 집을 팔고 난 후, 그에게 전화를 걸어 커피를 같이 마시자고 했다. 그 후 그는 우리 회사에 들어와 일을 하게 되었다. 지금 스물네 살인 그 친구는 우리 회사의 정상급 판매사원임은 물론, 호주 전체 톱 10에 들어간다.

이렇게 된 원인을 분석해 보면, 그가 의식했는지는 모르지만 그의 셀프 마케팅 전략이 탁월했기 때문이다. 그의 셀프 마케팅 전략은 남다른 서비스를 제공하는 것이었다.

전화 응답을 철저히 하고, 명랑하게 행동하고, 시간을 지키며, 후속처리를 충실히 하고, 질문에 정직하게 대답하고, 약속한 것들을 성실히 지키는 것이 바로 그의 전략이었다.

트레이시는 이런 그의 태도에 감명을 받았던 것이다. 나는 트레이시의 말을 귀담아 들었고 그 젊은이에게는 새로운 기회가 열리게 된 것이다. 누군가 훌륭한 서비스를 제공하게 되면 이러한 연쇄 효과가 일어나기 쉽다.

설령 마음에 내키지 않는다 해도 자신을 마케팅 하는 것은 사업에 필수적이다. 그렇다고 해서 유별스럽거나 허풍을 떨 필요는 없다. 알 듯 모를 듯 은근한 방법으로도 할 수 있다. 매일 출근할 때의 몸차림이 영향을 미칠 수도 있다. 왜냐하면 사람들이 당신이 하는 말을 듣기도 전에, 외모부터 보고 당신에 대한 첫인상을 결정짓기 때문이다.

록 음악가인 내 친구 하나는 팔뚝에 문신이 있다. 개인적으로 문신을 비판하는 것은 아니지만, 모든 사람이 문신을 좋아하는 것은 아니다. 그는 취직 면담을 할 때 반소매 옷차림으로 자주 나가곤 했는데, 번번이 불합격을 하면서도 그 이유를 몰랐다.

나는 그 친구에게 문신이 문제일 수도 있다고 귀띔을 했다. 많은 사람들이 문신을 한 사람들에 대하여 선입견을 가지고 있으며, 그런 선입견이 평생 노력을 한다 하더라도 쉽게 바꿀 수 있는 일은 아니라고 말이다. 다음 번 취직 면담 때 그는 긴 소매 옷을 입고 나갔고, 이번에는 합격을 했다.

마케팅 전략 세우기

마케팅 전략은 어떻게 수립하는가? 우선 자신의 성격을 장점과 약점으로 나누어 두 칸에 적는다. 그리고 약점 명단을 먼저 검토한다. 그 약점들을 어떻게 변하게 할 수 있을까?

그리고 그 다음으로 장점에 관해 보자. 장점을 사업상 또는 개인적으로 활성화시킬 수는 없을까? 이런 방법으로 접근하다 보면, 내가 해야 할 일이 무엇인지 분명한 아이디어가 떠오른다. 이것은 이기적인 자기선전이 아니라, 이력서를 작성하는 것처럼 자신의 경력을 관리하는데 꼭 필요한 직무이다.

셀프 마케팅을 성공적으로 이끄는 두 번째 단계는, 피고용인 의식을 지우는 일이다. 자신을 피고용인으로 보지 않고 1인 회사라고 생각함으로써, 삶을 획기적으로 변화시킬 수 있다.

만약 당신이 안내 부서 직원이라면, 자신이 'Me Inc.' 라는 이름의 회사 주인이며, 고객을 즐겁게 맞이하고 전화로 친절하게 안내하는 멋진 사업을 하는 '나' 로 여기기 바란다.

나는 부동산 회사에서 주급 60달러를 받는 신입사원이었을 때도, 나 자신을 내 회사의 사장이라고 가정했다. 이것은 상상이었을 뿐이지만, 내가 일을 대하는 태도에 큰 영향을 끼쳤다. 만약 당신이 자신을 개인 사업을 하는 사장으로 여긴다면, 맡은 일을 더욱 더 적극적으로 하게 될 것이다.

셀프 마케팅을 위해 홍보에 천부적으로 재능이 있어야 하는 것은 아니다. 필요한 것은 현명한 전략이다. 나는 결코 타고난 연설가가 아니다. 앞에서 얘기했다시피 사회자 양성교육을 힘들게 받아야 했던 목적은, 판매 활동을 위한 준비가 필요했기 때문이었다.

그런데 몇 년 후 부동산 업계에서 어느 정도 성공을 거두고 있을 무렵, 부동산연구소로부터 부동산 중개업자들을 대상으로 판매기법에 대한 강연을 해달라는 초청을 받았다. 강사료를 받지 않았고 청중은 겨우 열 명 정도였지만, 나는 그 새로운 경험이 즐거웠으며 대중적인 연설을 개인정보망으로 활용할 수 있다는 생각을 하게 되었다.

이 아이디어는 점점 발전해 요즈음에는 강연이 내 셀프 마케팅 전략의 중요한 부분이 되었다. 지금은 강연하는 것 자체를 즐기게 되었으며 강사료도 많이 받고, 부수적으로 사업을 위한 다양한 효과도 얻게 되었다. 매년 나는 호주에서 약 1만 명의 사람들을 대상으로 강연을 하고 있으며, 해외에서도 수많은 청중 앞에서 강연을 하고 있다.

강연할 때마다 나는 두 가지 목표를 세운다. 첫째는 청중들에게 필요한 정보와 창조적 자극을 주는 것이다. 둘째는 그들에게 나를 알려 사업에 도움이 되게 하는 것이다. 다시 말하면, 내 사업이 어떻게 운영되고 있는가를 얘기하는 것과 동시에 내 사업을 선전하는 것이다.

신뢰가 돈을 번다

어떤 개인적인 특성에 고객들이 가장 좋은 반응을 나타내게 되는 것일까? 앞서 나는 정직이 가장 중요한 덕목이라고 말했다. 신뢰 또한 못지않게 중요한 덕목이다. 한 번 약속한 것은 지켜야 한다. 그렇게 하지 않으면 사업의 세계에서 오래 지탱할 수 없다.

그리고 한 마일 더 가는 자세 또한 중요한 덕목이다. 이것은 고객이 기대하는 것보다 조금 더 해주는 것이다. 월트 디즈니는 이것을 1% 더 제공하기라고 했다. 어떤 일에서든지 마음만 먹으면 뭔가 조금 더 해 줄수 있는 여유는 항상 있기 마련이다. 그런 점이 바로 내가 부동산업에 20년 가까이 종사했는데도 이 일에 흥미를 갖고 계속 일할 수 있게 해주는 원인이다.

사람들은 신뢰를 중요히 여긴다. 당신이 자기 자신을 신뢰하면, 다른 사람들도 당신을 신뢰한다. 신뢰를 어떻게 얻는가? 최선의 방법은 자신이 하는 일에 전문가가 되는 것이다. 그것은 판매를 할 때 취급하는 상품에 관해 많이 알고 있다는 것을 뜻한다. 물론 누구든지 자기가 하는 일에 대해 다 잘 알고 있다.

내가 여기서 말하는 전문가란, 고객들뿐만이 아니라 그 분야에 종사하는 모든 사람들이 찾을 정도로 지식을 갖춘 사람을 말한다. 그런 전문가가 되면, 당신의 동료는 물론 사장까지도 당신의 지식을 활용하려고 할 것이다.

내가 20대일 때, 10년 이상 부동산업에 종사한 사람들을 포함해 회사 내의 모든 사람들이 내게 몰려와 전문적인 정보를 묻기 시작했다. 그것은 전문적인 정보를 습득하기 위해 내가 시간을 투자하여 공부를 했기 때문이었다.

부동산업을 하든지, 꽃가게를 하든지, 버스 운전을 하든지 다를 것이 없다. 당신이 하는 일에 대해 최고의 지식을 갖추기만 하면, 결국 사람들이 알게 되고 당신의 사업에도 도움이 될 것이다. 그렇게 되면 성공의 길은 분명히 열린다. 내 말이 맞는지 그대로 해보기 바란다.

돈 버는 것은 습관이다

_ 지금 당신에게 필요한 것은 억제하는 신념을 버리는 일이다. 당신이 어디서 태어났건 하는 일이 무엇이건, 부를 쌓는 것은 당신의 능력에 달려 있다는 긍정적인 신념을 갖기 바란다.

부자가 되는 것은 신비스러운 일이 아니다. 비결이 따로 없으며, 당신이 사고방식을 바꾸기만 하면 하룻밤 사이에 부富가 당신에게 자석처럼 끌려오도록 할 수 있다. 먼저 내가 돈 버는 팔자가 아니라는 생각부터 떨쳐버리기 바란다.

가난한 노동자 가정에서 태어났다고 해도 좋다. 당신이 계속 가난하라는 법은 없다. 많은 사람들이 매년 수 천 달러씩 적자를 보면서도 그것이 자기 운명이라고 여기고 있다. 자신의 달라진 모습을 상상할 수 없기 때문이다. 당신에게 필요한 것은 이러한 억제하는 신념을 버리는 일이다. 당신이 어디서 태어났건, 하는 일이 무엇이건, 부를 쌓는 것은 당신의 능력에 달려 있다는 긍정적인 신념을 갖기 바란다.

그런데 도대체 돈이 무엇이기에 그렇게 중요한가? 결국 돈은 지폐에 적힌 동그라미들이 아닌가? 뻔한 답이 나오겠지만, 이 자리에서

한 번 짚고 넘어갈 가치가 있는 질문이라고 생각한다.

그 이유는 우리 삶의 목표를 이루기 위해서는 재정적인 안정이 우선되어야 하기 때문이다. 부를 쌓고 열심히 일한 대가로 사고 싶은 것을 사는 것은 더 말할 나위 없이 좋은 일이다. 그러나 돈 자체가 진정한 보상은 아니다. 진정한 보상은 그때그때 생계를 꾸려나갈 걱정에 매이지 않는 삶의 주인이 됨으로써 갖게 되는 마음의 평화이다.

내가 아는 사람들 중에는 항상 파산 직전의 상태로 빚 갚을 돈을 꾸는 일을 계속하고 있는 사람들이 있다. 주택 상환금이나 임대료를 내기 위해, 봉급받을 날만 학수고대하며 살아가는 것이다.

악순환이 계속되면 이로 인한 불안과 공포감이 삶의 다른 측면에서 성공할 수 있는 능력마저 감퇴시키게 된다. 이러한 **낡은 습관**을 짧은 기간 내에 타파할 수 있는 멋진 길이 있다는 희소식을 당신에게 전하고자 한다.

사람들에게 스트레스와 불안을 가져오는 주된 원인이 무엇이냐고 물어보면, 십중팔구는 재정적 문제라고 한다. 적절한 저축과 예산을 통해 이 큰 문제를 해결할 수만 있다면 새롭게 살맛이 나게 될 것이다. 돈 걱정으로부터 해방감을 만끽할 수 있게 되는 것이다.

스트레스를 받지 않으면, 건강도 좋아지고 분명히 사업도 더 잘 되고 개인적으로 목적하는 것들을 잘 이룰 수 있게 된다. 재정적으로 안정되면 자신감이 생기게 되고 세상에 나가서도 당당하게 행세하며 사업도 잘 할 수 있게 되기 때문이다.

내가 아는 사람들 중에 재정적으로 성공한 사람들을 보면 한 가지 공통점이 있다. 그것은 돈을 두려워하지 않는다는 것이다. 이런 점에서 그들은 대부분의 다른 사람들과 차이가 있다.

대부분의 사람들은 돈은 벌기도 힘들고 지키기도 힘든 것이라고 생각하고 있다. 오히려 돈이 자기들에게 문제를 일으킬까봐 두려워한다. 그래서 '돈은 악의 뿌리' 라는 말도 생겨난 것이리라.

그러나 돈을 많이 버는 사람들은 돈을 단순히 하나의 수단 또는 일용품으로 본다. 돈에 대하여 위협을 느끼지 않으며, 편하게 생각하고 자신있게 대한다.

'나와 돈과는 악연이야!' 라고까지 말하는 사람을 보았을 것이다. 이 말의 실제적인 뜻은 돈에 대하여 날마다 나쁜 결정을 내리고 있다는 것이다. 돈을 버는 사람들은 돈에 대하여 천부적인 재능을 타고 났다는 말을 들은 적이 있겠지만, 그것은 사실이 아니다.

나도 처음에는 돈에 관한한 가망이 없는 사람이었다. 수학도 못했고, 경제학을 공부한 적도 없으며, 재정적인 일에 대체로 관심이 없었다. 나 역시 '반 금전' 의식을 가지고 있었던 것이다. 그러나 요즈음 나는 내가 성공적인 돈 관리자라고 생각한다. 물론 이렇게 되기까지 나는 돈에 대하여 일일이 배워야만 했다.

태어날 때부터 돈과 관계가 나쁜 사람은 없다. 다만 어떤 사람들은 돈에 대한 훈련이 되어 있어서 예산을 세우고 저축과 투자를 하는 반면에, 그러지 못하는 사람들이 있을 뿐이다. 이처럼 훈련이 되어 있지 않은 사람들은 봉급을 받으면 없어질 때까지 쓰기만 한다.

이유가 뭘까? 한 가지 이유는, 많은 사람들이 재정적으로 허세를 부리기 위해 풍요로운 생활을 유지하려고 애쓰기 때문이다. 예를 들면 어떤 젊은이들은 자기 분수에 넘치는 집을 빌려서 산다. 같은 또래의 사람들에게 성공했다는 인상을 주기 위해 그러는 것이다.

해결 방법은 간단하다. 분수에 맞게 생활하는 것이다. 주당 임대료 130달러 짜리 작은 아파트가 당신 분수에 맞는 주거지라면, 지금 그곳에서 사는 것이 옳은 일이다. 남들이 당신을 어떻게 깎아내리든지 상관할 바가 아니다.

내가 부동산업을 시작할 때 한 젊은 판매원이 임대료가 엄청나게 비싼 아파트에 살고 있었다. 요즘 돈으로 치면 주당 임대료가 1,500달러쯤 될 터인데, 독신 생활을 하는 그에게는 거금이 아닐 수 없었다.

그런데 그 친구는 지금까지 자기 집이 없다. 분수에 맞지 않는 생활을 유지하는 데 돈을 다 써버리는 바람에, 투자할 돈이 한 푼도 없기 때문이다. 결론은 분수에 맞게 예산을 세워 살아야 한다는 것이다.

다른 사람들에게 잘 보이기 위해 외형을 꾸미는 일은, 여러 면에서 재정적인 위험을 안고 있다. 그 위험을 해소하는 방법은 자신의 형편에 스스로 만족하며 사는 것이다. 남의 이목에 신경을 쓰거나 얽매어서는 안 된다.

'이 정도가 내 분수에 맞는 집이야' , '이 정도가 내 분수에 맞는 자동차야' , '이 정도가 내 분수에 맞는 휴일이야' , '이 정도가 내 분수에 맞은 식당이야' 라고 자신에게 당당히 말할 수 있어야 한다.

지출을 통제하라

학교를 졸업한 후 나는 분수에 맞게 사는 방법을 어렵게 배웠다. 8주째 일자리 없이 지냈는데, 어떤 멍청이 은행이 발급해 준 신용카드를 쓰고 있었다.

하루는 여자 친구에게 줄 선물을 사기 위해 상점에 들렀는데, 그곳 점원이 결제 한도액을 확인하려고 은행에 전화를 걸었다. 그가 전화를 거는 동안 나는 두근거리는 가슴으로 계산대 옆에 서서, 카드 한도액이 초과해 물건을 팔지 않겠다고 하면 어쩌나 하고 불안에 떨고 있었다.

그러자 우려한 것 이상으로 험악한 사태가 벌어졌다. 전화를 끊은 점원은 가위를 들더니 신용카드를 내 눈앞에서 반 토막 내버리는 것이 아닌가. 그러면서 은행에서 자기에게 그렇게 해달라고 했다는 것이다. 나는 너무 당황해서 토할 것만 같았다. 이 사건은 내 인생에서 가장 고통스러웠던 기억으로 남아 있다.

그러나 이 끔찍한 사건은 유익한 교훈이 되었다. 그 사건 이후, 나는 좀 더 책임감 있는 사람이 되겠다고 결심했다. 부동산업에 입문하여 최초로 받은 봉급은 주급 60달러였는데 그때 당시로서도 넉넉한 금액이 아니었다. 처음에는 그 60달러를 지갑에 넣고 수시로 필요할 때마다 썼다.

그러나 그 신용카드 사건이 머리에 생생했기 때문에 곧바로 마음을 고쳐먹었다. 지출을 통제하지 않으면 다시 또 재정적인 문제에 봉착하게 될 것이라는 사실을 깨달았던 것이다. 나는 봉투 다섯 개를 준비했다. 그리고 검은 마크 펜으로 각각 '식품비', '임대료', '의류비', '오락비', '저축'이라고 표시했다.

주급을 받을 때마다 집에 돌아와서 60달러를 봉투 속에 위와 같이 나누어 넣었다. 그리고 돈이 필요할 때면 해당 봉투에서만 꺼내어 사용했다. 원시적인 예산 시스템이긴 했지만, 내가 과소비로 인해 정작 필요한 지출을 못하게 되는 상황이 일어나지 않도록 도와주었다.

그 후부터 지금까지 나는 비슷한 방법으로 재정을 관리해 왔다. 물론 지금은 좀 더 세련되고 자동화된 시스템을 쓰고 있지만 기본 원칙만은 변함이 없다.

사업을 할 때 지출을 잘 조정하지 못하면 큰 문제가 생기게 된다. 이런 점에서 나 역시 낭패를 본 적이 있다. 나는 판매만 잘하면 사업은 성공한 것이라고 생각했다. 수입과 이윤의 차이를 몰랐고 현금의 흐름에 대해서도 잘 몰랐다.

한 번은 샌프란시스코에서 열린 부동산 관련 회의에 참석하고 있었는데, 회사 회계 담당자로부터 전화가 왔다. 그는 '회사로 빨리 오셔야겠어요. 당장 봉급을 줄 돈이 없습니다' 라고 말했다. 수표를 발행하는 일을 회사 내 다른 간부에게 위임했었는데, 이 친구가 깊이 생각하지 않고 마구잡이로 수표에 사인을 해댔던 것이다. 회사 운영에 필수적인 기능을 조정하는 일을 내가 너무 경솔하게 내어준 탓이다.

결국 나는 그 사태를 해결하러 회의 도중에 돌아와야 했다. 그 일 이후로 나는 경비 지출에 대하여 엄격하게 통제를 하고 있다. 매월 나는 회사 회계를 세밀히 점검하고 정당하다고 생각되면 극히 작은 액수의 지출도 따진다. 적은 비용도 계속 쌓이면 거액이 된다.

나는 이 분야에 대한 교훈을 테드 라이트로부터 배웠다. 그는 몇 년 동안 시드니에 있는 리젠트 호텔을 운영한 탁월한 호텔 경영인으로, 50달러건 50만 달러건 호텔에서 발행하는 수표는 무조건 자기가 직접 사인을 했다. 리젠트 호텔은 엄청나게 크며 운영이 잘 되고 있었기 때문에, 이런 사실은 나에게 감동을 주었다.

그는 최고 경영자로서 돌봐야 할 일이 수없이 많았지만, 지출을 하나하나 꼼꼼히 직접 챙기는 것이 자신의 필수적인 역할이라고 여겼던 것이다. 나는 이것이야말로 내가 따라야 할 중대한 본보기라고 결정했다. 그때까지 이렇게 바쁜 내가 수표 발행을 직접 한다는 것은 옳지 않는 일이라고 생각했기 때문이다.

지출을 엄격히 통제하는 효과적인 방법은 예산을 잘 세워 그대로 따르는 것이다. 예산도 없이 사업을 시작하는 것은 어리석은 일이다. 개인의 가계도 마찬가지다. 예산은 다가오는 주간뿐만이 아니라 1년 앞을 내다보고 세워야 한다. 그리고 올 후반기에 휴가를 갈 계획이라면, 지금부터 휴가 계획을 개인 예산에 반영해 돈을 준비하기 시작해야 할 것이다.

수입을 극대화하라

지금까지 지출의 통제에 관해서 말했다. 저축을 늘리는 또 다른 방법은 물론 수입을 극대화하는 것이다. 당연히 이 두 가지를 다 잘해야 한다. 수입은 극대화하고 지출은 엄격히 통제해야 하기 때문이다.

수입을 극대화하는 일은 자연히 주어진 상황에 달려있다. 나도 스무 살 무렵에는 동시에 여러 가지 일을 맡아서 했다. 이른 아침에는 신문배달을 했고, 낮에는 부동산 업소에 나가 일하다가 일과가 끝나면 청소를 해주고 추가로 돈을 더 받았다. 그리고 밤에는 호텔에서 유리잔들을 정리하는 일을 했다.

이렇게 여러 가지를 하니 수입은 늘었지만, 6개월 정도 하고 났더니 그만 지쳐버렸다. 새벽 5시부터 자정까지 일하고 침대로 기어들어가자마자 자명종 소리에 깨어나야 했던 것이다.

결국 나는 돈을 버는 최선의 방법은, 한 분야의 일에 전문가 되는 것이라는 결론에 도달했다. 내게는 부동산 판매가 전문 분야였다. 그 후로부터 근 20년 동안 나는 부동산업에만 집중해 왔다.

업무 수행의 질, 상품 지식, 업무 기술, 수용 능력 부분에서 자신이 하는 일의 가치나 기여도를 현저히 증진시킨다면, 수입 또한 현저히 증가하게 될 것이다. 이렇게 되기 위해서는 굳은 신념과 인내가 필요하다. 노력을 증가시킨다고 해서 재정적인 효과가 당장 나타나는 것은 아니기 때문이다.

당신이 연봉 3만 달러를 받는 관리직 사원이라고 하자. 주변에 중개료나 보너스를 받기 때문에 당신보다 훨씬 더 돈을 많이 버는 직원들이 꽤 있을 것이다. 불공평하다고 생각하는가? 그런데 결코 그렇지 않을 것이다. 회사에 대한 당신의 기여도는 그 가치가 정확히 3만 달러일 수 있기 때문이다.

그렇다면 남보다 앞서기 위해 어떻게 해야 하는가?

신념을 굳게 가지고 업무수행의 정확도와 속도를 포함한 모든 면에서 자신의 기여도를 현저히 높여보자. 대가를 기대하지 말고, 회사의 가치를 더 높여줄 수 있는 기회를 모색하도록 한다. 당신의 이런 변화는 곧 알려지게 되고, 그것은 수입의 증가로 이어지게 될 것이다. 이것은 틀림없는 사실이다.

나 역시 부동산업을 시작하면서 이런 태도로 임했다. 회사나 사회에 대한 기여도를 꾸준히 높여나가면, 틀림없이 보상을 받게 된다고 철저히 믿었던 것이다. 나는 회사에서 다른 사람들보다 더 많은 시간 동안 일했다. 봉급은 정해져 있고 수당을 더 받는 것도 아니지만 일요일에도 고객에게 임대 주택을 보여주는 일을 하곤 했다. 다른 동료들은 나를 미친 사람으로 여겼다. 그러나 그렇게 한 보람이 있었다.

나는 시종일관 마치 조각상과도 같이 묵묵히 그러한 근무 태도와 습관을 계속했고, 드디어 나 자신의 회사를 경영하게 된 후에도 계속했다. 나는 자신을 그렇게 단련시켰다. '하면 된다', '한 마일 더 간다', '해야 할 일을 충실히 한다', '기쁜 마음으로 한다' 라는 식의 태도를 계속 유지한 것이다. 그렇게 3년을 계속하니 성과가 나타났다.

할 수만 있다면 짧은 기간 동안 한 두 가지 정도 부업을 해보는 것도 괜찮을 것이다. 그러나 장기적으로 봤을 때 재산 증식을 위한 최선의 전략이 되지 못한다는 것을 나는 경험을 통해 알았다.

당신이 두각을 나타낼 수 있고 열정을 가지고 일할 수 있는 한 분야의 일을 선택해 최고가 되는 것이 훨씬 더 낫다. 세계에서 최고의 달인이 되겠다는 열정으로 당신이 택한 일에 몰두하라. 노력한 것보다 열 배나 더 많이 보상을 받게 될 것이다.

자신의 운명을 조정하라

돈은 우리가 원하는 삶을 살 수 있도록 도와주는 역할을 한다. 그러나 돈 자체가 결코 인생의 목표가 될 수는 없다고 생각한다. 어느 정도 재정적으로 안정되고 투자와 축재를 위한 계획을 갖게 되면, 그때부터 돈은 실질적인 의미를 상실하게 된다. 백만 달러를 버느냐, 천만 달러를 버느냐 하는 것보다, 자신의 운명을 조절 할 줄 아는 분별력을 갖게 되는 것이 더 중요하다.

더 이상 바랄 것이 없을 만큼 편하게 살기 위해 돈이 필요하다 하더라도, 한계가 있다는 것을 명심해야 한다. 동시에 차 두 대를 몰 수도 없고, 혼자 두 개의 침대에서 잘 수도 없으며, 한꺼번에 옷을 두 벌 입을 수도 없으며, 휴일에 동시에 두 곳으로 놀러갈 수도 없는 노릇이다. 삶 속에서 가장 좋은 것은 자유라는 오래된 격언이 있는데, 이것이 진리다.

이 책을 읽고 있는 지금 재정적인 고통을 받고 있다 하더라도, 넓게 보면 그리 나쁜 것만은 아닐 것이다. 고통을 유익하게 사용하기 바란다. 재정이라는 분야에 대한 자신의 통제 능력을 강화하는 기회로 삼을 수도 있기 때문이다. 지금부터 돈에 대하여 주체의식을 가지고 대응하기 바란다.

가령 1만 달러의 빚에 마음이 짓눌려 있으며, 앞이 막막해서 출구가 안 보인다고 하자. 그래도 어떻게 해서든지 헤쳐나갈 수 있는 길을 찾도록 당신의 사고를 재조정 할 수 있어야 한다.

물론 하룻밤 사이에 문제를 해결할 수는 없을 것이다. 솔직히 1년 안에 빚을 갚고 1백 달러 어치 주식을 취득할 수는 없지 않겠는가. 그러나 2년 동안 잘하다 보면 1만 달러의 빚을 갚을 수 있게 될 것이다. 당신이 긍정적인 사고방식을 가지고 있을 경우, 재정 형편을 바꿀 수 있는 힘이 분명히 내 안에 있다고 확신하는 경우, 이 모든 일은 가능해진다.

투자의 바른 길

지난 몇 페이지에 걸쳐 우리는 예산 안에서 분수에 맞는 생활을 하는 것이 얼마나 중요한지 살펴보았다. 이제 부를 창조하기 위한 두 번째 원칙을 알아보자. 그것은 잉여 수입을 자본 증식을 위해 투자하는 것이다.

예를 들어 매주 세금을 제하고 500달러를 벌어 450달러를 지출한다고 하자. 남은 50달러를 가지고 무엇을 할 것인가? 이것은 중요한 문제이다. 어떤 사람은 '그렇게 적은 푼돈을 가지고 저금이나 투자를 해서 뭘 하나? 쓸데없는 일이야. 저금이나 투자는 좀 더 지내다가 돈을 더 벌게 되면 하는 것 아니야?' 라고 말할 것이다. 이렇게 사람들은 평생 저축이나 투자를 하지 않고 목돈이 생기는 날만 기다리다가 세월을 보내버리고 만다.

저축과 투자에 관한 습관을 갖기 시작하는데 가장 적합한 때는 바로 오늘이다. 투자는 습관이다. 매달 정기적으로 수입의 일부를 자본 증식에 투자하는 것이다. 일주일 수입 중에서 남는 돈이 50달러뿐이라 해도 매주 계속하면 큰 돈이 된다. 몇 년 안에 수 만 달러가 넘는 돈이 될 수도 있을 것이다.

그렇다면 어디에 투자하면 좋을까? 내 개인적인 의견으로는 두 가지 가능성이 있다. 부동산과 주식이다. 물론 돈을 투자하는 방법은 수없이 많다. 그러나 투자 전문가가 아닌 이상 위험이 크다. 나는 돈 관리에 아주 보수적이다. 즉 투기보다는 투자를 하는 쪽이다.

위험도가 높은 주식에 투기를 하는 것이 한 가지 방법일 수도 있겠지만, 나로서는 권하고 싶지 않다. 소위 블루칩이라고 하는 우량주를 선택하는 것이 현명하다고 본다. 능숙한 투자가가 아니라면, 상위 100위 안에 드는 종목이 주식 투자의 최선책일 것이다.

부동산의 경우도 마찬가지다. 전문가가 아닌 이상 투기성 개발을 피하는 것이 현명하다. 지금까지 꾸준한 성장세와 임대 수입을 기록하고 있는 지역을 택하여 투자해야 한다. 그리고 중요한 것은, 자신에게 익숙하며 부담을 느끼게 하지 않는 것을 사야 한다는 점이다.

어떤 사람들은 다른 주나 해외의 부동산을 구입한다. 그러나 내가 충고하고 싶은 것은 마음이 내키면 언제라도 차를 몰고 둘러볼 수 있는 거리에 있는 부동산을 사라는 것이다. 가까운 곳에 있으면 둘러보고 관리하기가 쉬우며, 처분할 때에도 올바른 판단을 내릴 수 있는 가능성이 훨씬 높기 때문이다.

앞에서 나는 많이 번 사람들을 보면 전형적으로 돈에 대한 두려움이 없다는 말을 했다. 내가 경험한 바로는 그들에게는 하나의 공통점이 있는데, 그것은 투자하기 전에 충분히 검토하며 준비한다는 점이다. 그 어떤 것도 순식간에 또는 우연에 맡겨 처리하지 않는다. 주식 투자가 되었든 부동산 투자가 되었든 그들은 사전에 면밀히 조사를 한다. 그리고 결과가 어떠리라는 것을 정확히 판단하고 투자한다.

대부분의 투자자들은 결과에 대하여 막연한 생각만을 가지고 있다. 부동산 임대업을 하는 사람들이 그들의 수익률을 정확히 아는 경우는 드물다. 누가 물어보면 대개 정확히 잘 모른다고 대답하는데, 별로 중요한 일이 아닌 것처럼 여기는 것 같다. 수익률을 모른다는 것은 그 투자가 잘된 것인지 잘못된 것인지 모른다는 점이다. 따라서 투자를 늘려가야 할지, 회수를 해야 할지 알 수가 없다.

돈을 투자하기 전에 주저하지 말고 전문가와 상의해야 한다. 그렇게 함으로써 얻어지는 이익이 상담료보다 크다. 아무리 우리가 열심히 조사를 한다 해도 전문가를 따라갈 수는 없으므로 전문가와 상담하는 것은 당연한 일이다.

내가 아는 미디어 재벌 케리 패커*나 루퍼트 머독**과 같은 세계적으로 성공한 사업가들이 모두 전문가들의 조언을 듣는다. 하물며 우

---

* 케리 패커 : 호주 · 뉴질랜드 미디어 회사인 퍼블리싱 앤 브로드캐스팅P.B.L.의 대주주였으며 호주 최대 갑부. 2005년 말 사망.
** 루퍼트 머독 : 호주에서 가장 연봉을 많이 받는 경영인으로, 사람들은 그를 연봉 200억 원의 미디어 황제라 부른다.

리 같은 경우는 너무나 당연한 일이다.

끈질긴 사람이 성공한다

당연한 얘기지만 성공적인 투자자가 되기 위해서는 어느 정도 인내심이 필요하다. 몇 달 안에 부자가 되기를 기대한다면 실망하기 십상이다. 대부분의 사람들은 첫 1년 동안 저축하고 투자할 수 있는 금액에 대해 과대평가를 하는 반면에, 5년 동안 모을 수 있는 금액에 대해서는 과소평가를 하는 경향이 있다.

내가 처음 부동산 판매를 시작할 때 우리 회사 사장은 살림은 봉급만 가지고 하고 과외수당은 모두 저축을 하라고 했다. 그것은 훌륭한 충고였다. 그 당시 내 봉급은 적은 액수였지만, 그런대로 생활을 꾸려나가기에 충분했다. 그래서 나는 은행으로 가서 과외수당을 특별히 개설한 투자 계좌에 꼬박꼬박 적립했다.

매주 한 번씩 그렇게 적립을 한 후에는 딴 생각을 하지 않았다. 일부러 투자 이익을 확인해보지 않은 것이다. 시간이 꽤 지난 후에 확인해 보니, 계좌의 금액은 2만 달러로 불어나 있었다. 그 정도면 충분히 부동산 계약금으로 쓸 수 있는 금액이었다. 부족한 돈을 주변에서 빌려, 태어나서 처음으로 내 소유의 부동산을 구입했다.

대부분의 경우 부동산을 사면서 돈을 빌린다는 것은 그리 달가운 일이 아니다. 빌리더라도 최소한의 금액이어야 한다. 여기에는 아주 단순한 원칙이 있다. 재력을 늘리기 위해서라면 돈을 빌리되 최소한의 금액만을 빌리도록 해야 한다는 점이다. 전체 대금의 80% 이상은 너무 많고, 70%라면 빌릴 만하다.

'깜짝 부자들'의 운명

최근 미국에서 백만 달러가 넘는 복권에 당첨된 사람들에 대해 사후 조사를 한 일이 있었다. 이를 통해 밝혀진 사실은, 그들 중에서 많은 수의 사람들이 몇 년이 지나자, 복권이 당첨되기 이전보다 경제사정이 더 나빠지게 되었다는 점이다.

언뜻 보아서 있을 수 없는 일처럼 느껴진다. 도대체 어떻게 백만 달러 이상의 돈이 생겼는데도 경제 상태가 더 나빠질 수 있단 말인가? 여기 대한 해답은 이들이 평소에 돈을 관리하는 법을 배우지 못했다는데 있다.

만약 이들이 꾸준히 노력해 그런 돈을 벌었더라면 그 과정을 통해 돈을 관리하는 법을 배울 수 있었을 것이다. 그랬더라면 마치 매일 물을 주고, 잡초나 잘못 자란 나무를 솎아내며, 정성스럽게 정원을 가꾸듯이 자금을 관리하는 기술을 습득할 수 있었을 것이다.

그러나 이들은 한꺼번에 거금이 생기자 전에는 모르고 지냈던 과소비 습관에 빠져, 생긴 돈을 저축하고 신중히 투자할 줄을 몰랐던 것이다.

사실 우리 중에서 단시일 내에 부자가 되는 사람은 극히 소수이다. 겨우 몇 몇 사람만이 성공하고 나머지 대부분은 그렇지 못하다.

어디서 읽은 이야기인데 한 젊은이가 거금을 거머쥐게 되었다. 그리고 그 돈으로 나이트클럽을 샀다. 그가 한 인터뷰에서 말하기를 멋있는 사업이라 생각했으며, 예쁜 여자들도 많이 만날 수 있을 것 같아서 그랬다는 것이다.

결국 그는 몇 년 안에 빈털터리가 되었다. 그 길을 택한 황당한 이유들을 제쳐놓고서라도, 그가 저지른 큰 실수는 자기가 잘 알지 못하는 사업에 뛰어들었다는 점이다. 이것은 사람들이 자주 범하는 실수이다.

내게는 평생 부자가 되는 묘수를 찾는데 시간을 허비한 친구가 있다. 30대 중반이 된 이 시점까지도 그는 아직 그 묘수를 발견하지 못했다. 나는 거북이식 방법을 택했다. 즉 조금씩 안전하게 자산을 늘려가는 것이다. 힘들게 번 돈을 투자할 때에는 보다 신중하게 전략적으로 접근하여 현명하게 처리해야 한다.

MEMO

부富를 창출하는 것은 악기를 연주하거나 새로운 운동을 배우는 것과 같다. 그러므로 원칙을 배우고 필요한 기술을 연마하여 계획에 맞추어 실천해야 한다.

성공과 성장을 위한 마지막 조언

_ 무엇이든지 자신이 하는 일에 열정을 가지기 바란다. 열정은 전염된다. 당신이 열정적일 때 주위 사람들도 당신의 비전에 동참하고 싶어 한다.

'할 수 있다는 말도 맞고, 할 수 없다는 말도 맞다'

위에 인용한 자동차 왕 헨리 포드의 말은 낙관적이고 긍정적인 사고의 중요성을 잘 요약해 주고 있다. 어떤 일에 대하여 확신을 가지고 있으면, 그것만으로도 일의 75%는 이미 달성한 것과 같다. 이 지구상에서 누군가 한 적이 있는 일이라면, 당신도 해낼 수 있다. 그러므로 할 수 있는가 없는가가 중요한 것이 아니라, '어떻게' 하느냐가 중요하다.

열정적인 사람이 되라

자기가 하는 일에 열정적인 사람이 되기 바란다. 인생은 불가사의한 여행이다. 매일 새로운 모험이 전개된다. 무엇이든지 자신이 하는 일에 열정을 가지기 바란다. 열정은 전염된다. 당신이 열정적일 때

주위 사람들도 당신의 비전에 동참하고 싶어 한다.

크게 생각하라

우리 주변에는 기적을 이룬 예들이 많다. 당신이 생각하거나 꿈꾸는 일을 과감히 실천하라. 스스로 한계를 긋지만 않는다면 가능성은 무한히 열려 있다. 과감히 일어서서 가장 높이 떠있는 별을 향해 손을 뻗쳐라. 우리는 모두 위대해지도록 창조된 존재들이다. 얼마나 탁월한 사람이 되느냐는 것은 각자 선택에 달려있다.

집중하라

당신의 삶 속에서 가야 할 길을 정하고, 계획을 세워 위대함에 도달하기 위한 지도를 그리기 바란다. 어떤 길로 갈 것인지 정했으면, 레이저 빔을 쏜 것처럼 한 곳에 집중하여 목표를 향해 앞으로 나아가라. 항상 이런 일 저런 일들이 훼방을 놓으려고 할 것이다. 이런 장애물들을 결심을 더 굳히는 기회로 삼아라.

다른 사람들을 보살펴라

인류는 하나의 커다란 가족이다. 잘 아는 사람이건 아니건 간에 다른 사람들을 보살필 줄 알아야 한다. 아프리카에서 굶어 죽어가고 있는 어린 아이는 우리 모두의 문제이다. 다른 사람들이 잘 살 수 있도록 도와줘야 하며, 그들이 최선을 다할 수 있도록 용기를 북돋아 줘야 한다. 사람은 누구나 위대해질 수 있는 잠재력을 지니고 있기 때문이다.

큰 꿈 앞에서 사소한 것들은 문제가 되지 않는다

자신과 가족을 위해 가장 바람직한 꿈을 가져라. 필요한 조건들이 성숙하는데 드는 시간이 지나면, 꿈은 반드시 이루어질 것이다.

끊임없이 장애물들이 나타나겠지만, 그것을 오히려 선물로 생각하기 바란다. 장애물은 오히려 소중한 교훈을 안겨줄 것이며, 어떤 것도 당신의 성공과 꿈의 실현을 가로막지 못할 것이다. 그때까지 꾸준히 노력하기 바란다. 꾸준히 노력하면 꿈은 반드시 이루어질 것이다.

새 출발을 앞두고

__ 눈을 크게 뜨고 살펴보면 세상은 당신에게 영감을 주는 창조적 자극으로 가득 차 있다. 우리는 그것을 매일 찾아보기만 하면 된다.

이제 이 책을 끝마칠 때가 되었다. 이 책을 통하여 성공을 위한 간단한 비결들에 대한 통찰력을 가지게 되기 바란다. 어쩌면 당신은 이미 한 발자국 더 나아가 새로운 삶을 위한 전략을 실천하고 있을지도 모르겠다.

사실 나는 그렇게 되기를 바라면서 이 책을 썼다. 일종의 촉매가 되어 당신의 내부에 잠재해 있는 것을 불러일으킴으로써 꿈을 실현하기 위한 행동을 취할 수 있도록 돕고 싶었다.

그리고 당신의 운명은 당신 자신에게 달렸다는 사실과, 위대한 인생이라는 신비스런 왕국으로 들어가는 열쇠는 다름 아닌 당신의 손에 쥐어져 있다는 것을 일깨워주고 싶었다.

눈을 크게 뜨고 살펴보면 세상은 당신에게 영감을 주는 창조적 자극으로 가득 차 있다. 우리는 그것을 매일 찾아보기만 하면 된다. 그것은 책과 카세트 테이프, 텔레비전이나 인터넷에서 찾아볼 수 있으며, 바로 옆에 앉아있는 사람한테서 찾을 수도 있다.

주변에 있는 거의 모든 것들이 당신에게 영감을 불러일으킬 수 있다. 여기저기 둘러보기 바란다. 새삼스럽게 세상이 수많은 기회들로 가득 차 있음을 알게 될 것이다.

그리고 꿈 훼방꾼들을 조심하기 바란다. 많은 사람들이 풍요로움을 수용하는 심성이 결핍되어 있다. 그들은 다른 사람들이 성공할 수 있도록 돕고 격려하는 것이, 결국 자기 자신의 성공을 위한 도약대가 될 수 있다는 사실을 이해하지 못하고 있다.

심지어 어떤 사람들은 다른 사람들이 발전하는 것을 못마땅해 한다. 그러므로 꿈 훼방꾼들의 영향을 받지 말아야 한다. 세상에는 격려하는 사람들이 있는가 하면, 훼방하는 사람들도 있게 마련이라고 생각하며 무시해 버려야 한다.

살아있다는 것은 신나는 일이다. 요즈음처럼 기회가 넘쳐나는 시절도 없었다. 배울 수 있는 기회, 여행할 수 있는 기회, 새로운 것을 경험할 수 있는 기회, 새로운 사업을 시작 할 수 있는 기회 등등, 세상은 기회로 가득 차 있다. 몇 년 전만 해도 꿈도 꾸지 못했던 것들을 이제는 할 수 있게 되었다.

우리는 '한가로웠던 날들' 또는 '좋았던 시절' 이라는 말을 자주 듣는다. 글쎄, 어쩌면 바로 우리가 살고 있는 지금이 그 좋은 날이 아닌지 모르겠다. 20년이나 30년 쯤 후에 사람들은 지금 우리가 살고 있는 시절을 되돌아보며 '한가로웠던 날' 이니 '좋았던 시절' 이니 할 것이다.

그때까지 기다리지 말고, 지금이 바로 신바람나는 시기라는 것을 깨닫자. 지금을 놓쳐서는 안 된다. 나중에 가서 시간을 되돌려 놓을 생각은 아예 하지 말기 바란다. 당신의 노력에 걸맞은 결과를 가져올 결정을 바로 오늘 하기 바란다.

중요한 것은 현재와 미래다. 과거가 아니다. 만약 지금까지의 삶이 너무나 평범하거나 실망스러웠다고 생각된다면, 과거의 인생은 지금 당장 끝난 것으로 하라. 너무나 많은 사람들이 과거의 실패를 미래의 삶으로 끌고 가서 인생을 망친다.

이 책의 마지막 페이지까지 읽어오는 동안, 당신의 삶이 이미 바꿔져 있기 바란다. 지금까지 읽은 내용이 당신에게 가치가 있었다면, 그 마음을 계속 붙잡고 뭔가 실천하라.

새로운 결정을 내리고, 새로운 태도, 새로운 사고방식을 갖추기 바란다. 당신의 미래는 당신이 마음껏 꿈을 펼칠 수 있는 하얀 캔버스다. 열정과 용기와 정열을 가지고 새 삶을 창조하자.

인생행로의 평안을 빌며, 가다가 언제 어디선가 서로 마주치는 날이 오기를 희망한다.

저자 홈페이지 : www. mcgrath. com

성공의 정석 / 존 맥그라 지음 ; 권이영 옮김. – 서울 :
다밋, 2006
    p. ;   cm
원서명: You don' t have to be born brilliant : how to
design a magnificent life
원저자명: McGrath, John
ISBN 89-956980-3-9 03320 : \9000

199,1-KDC4
158,1-DDC21   CIP2006000098

성공의 정석

펴낸날 | 2006년 2월 15일 • 1판 1쇄
지은이 | 존 맥그라
옮긴이 | 권이영
펴낸이 | 전민상
편집주간 | 김소양
편집 | 이윤희
영업 | 임홍수

펴낸곳 | 도서출판 다밋 • 전화 | 02-521-6922 • 팩스 | 02-521-6923
주소 | 서울시 서초구 서초 2동 1337-2 현대골든텔 615호
이메일 | wrigle@hanmail.net
출판등록 | 2005년 6월 22일

ⓒ 도서출판 다밋 2005
Printed in Seoul, Korea

ISBN 89-956980-3-9 03320

* 잘못된 책은 바꾸어 드립니다.
* 책값은 뒤표지에 있습니다.